Primo Levi
Ich, der ich zu Euch spreche

Primo Levi
Ich, der ich zu Euch spreche
Ein Gespräch mit Giovanni Tesio

Übersetzt aus dem Italienischen
von Monika Lustig

Mit einem Nachwort
von Maike Albath

Titel des italienischen Originals:
IO CHE VI PARLO

© 2016, Guilo Einaudi editore, Turin

Erste Auflage
© 2017 by Secession Verlag für Literatur, Zürich
Alle Rechte vorbehalten
Übersetzung: Monika Lustig
Lektorat: Tanja Ruzicska
Korrektorat: Dr. Peter Natter
www.secession-verlag.com

Gestaltung und Satz: Erik Spiekermann
Kartenzeichnung: Ferdinand Ulrich
Herstellung: Renate Stefan
alle in Berlin
Druck und buchbinderische Verarbeitung:
Friedrich Pustet, Regensburg
Papier Innenteil: 100g Fly 05
Papier Vor- und Nachsatz: 115g Fly 05
Papier Überzug: 130g Munken Lynx
Gesetzt aus FF MetaSerif und **FF Meta**
Printed in Germany

ISBN 978-3-906910-06-2

Inhalt

Wie ich Primo Levi
kennenlernen durfte ... 6
Von Giovanni Tesio

Ich, der ich zu Euch spreche
Montag, 17. Januar ... 14
Montag, 26. Januar ... 51
Sonntag, 8. Februar ... 84

Nachwort –
Die Chemie des Romans ... 118
Von Maike Albath

Anmerkungen ... 170

Wie ich Primo Levi kennenlernen durfte

Der Raum für ein Gespräch
wird durch alpinistische
Anstrengungen geschaffen.
OSSIP MANDELSTAM,
Gespräch über Dante.[1]

»Hast du schon eine Gefechtsordnung im Kopf?« Diese Frage wurde am Nachmittag des 12. Januar 1987 im Arbeitszimmer eines Appartements in der dritten Etage des Hauses Corso Re Umberto 75, eine der elegantesten Turiner Prachtstraßen, an mich gerichtet.

Sie kam aus dem Mund eines der gütigsten, duldsamsten Schriftsteller, die die Bühne unseres nicht nur literarischen zwanzigsten Jahrhunderts betreten haben, einer der glaubhaftesten Zeugen von Auschwitz, ein Mann von unbestreitbarer Rechtschaffenheit, der ebenso unbestreitbar Verletzungen in seiner Seele und in seinem Fleisch erfahren hatte: Ein Meister des Laizismus und der Ratio, des Zweifelns und der Infragestellung, aber auch der Klarheit und des Widerstands, der Entschlossenheit und der Tat.

In dem nüchternen, weitläufigen Arbeitszimmer, in einer Wohnung, die aussah »wie viele andere halbherrschaftliche Häuser vom Anfang des zwanzigsten Jahrhunderts«[2] (wie er in einem Beitrag schrieb, der später in die Glossensammlung *Anderer Leute Berufe* aufgenommen wurde), stellte Primo Levi mir diese mehr denn je vorhersehbare, mich gleichsam irritierende Frage. Um die Vorhersehbarkeit der Frage als auch meine Verwunderung, als sie mir gestellt wurde, zu begründen, bedarf es vorab einer Erläuterung.

Ich lernte Primo Levi durch die Lektüre von *Ist das ein Mensch?* kennen, das ich in einer der »Coralli«-Ausgaben von Einaudi aus dem Jahr 1967 las. Zehn Jahre später kam es zur persönlichen Begegnung. Beim Herumblättern in einer den Schriftstellern des Piemont gewidmeten Anthologie[3] für den Unterricht hatte ich nämlich eine Entdeckung gemacht: Die von der Herausgeberin gewählte Seite aus *Ist das ein Mensch?* entsprach ganz und gar nicht dem Text, wie ich ihn aus der »Coralli«-Ausgabe erinnerte. Bei dem anschließenden Vergleich stellte sich heraus, dass eine noch ältere Ausgabe existierte – und die war 1947 im Verlag De Silva erschienen, der von Franco Antonicelli, einer der herausragenden Figuren des Turiner Antifaschismus, im Jahr 1942 gegründet und nur sieben Jahre später wieder eingestellt worden war. Beim Vergleich der Textfassung von De Silva mit der ersten Einaudi-Ausgabe von 1958, die in ihren Nachdrucken unverändert geblieben war, entdeckte ich schließlich, dass es nicht wenige und zudem nicht unerhebliche Abweichungen gab. Also nahm ich all meinen Mut zusammen (auf Piemontesisch gibt es die Redewendung: *mettere bon bèch,* was so viel besagt wie »gehörig den Schnabel aufmachen«) und rief den Autor an. Der lud mich unverzüglich zu sich nach Hause ein und händigte mir ein Schreibheft aus: ein dickes Schulheft mit olivgrünem Einband, in dem ich den Text der hinzugefügten Anteile überprüfen konnte. Daraufhin schrieb ich einen Essay[4], in Wahrheit eine Art Mischform und ganz sicher nicht gänzlich gelungen (ich hatte die dank Silvio Ortona in dem kommunistischen Wochenblatt *L'Amico del Popolo* in Vercelli bereits veröffentlichten Kapitel nicht berücksichtigt), ein Essay, dem dennoch ein kleiner, feiner Erfolg beschieden war.

In der Folgezeit suchte ich Levi erneut auf, um ihn bezüglich der Textvarianten zu befragen. Und von sich aus übergab er mir sowohl das Heft, das handschriftlich fast alle Kapitel von

Die Atempause enthielt, als auch – zeitgleich – den maschinengeschriebenen Text von *Der Ringschlüssel,* den er für die Drucklegung von 1978 vorbereitet hatte. So war ich mir mehr als sicher, dass er mich meinte, als er mit dem Aufkommen des Computers für die Tageszeitung *La Stampa* den Artikel *Der Schreiber* verfasste (der später in *Anderer Leute Berufe* Eingang fand); darin ist die Rede von einem »befreundeten Literaten«, der das Dahinschwinden der »vornehmen Freuden des Philologen« beklagt, »der aufgrund der nacheinander gestrichenen und verbesserten Stellen den Weg nachzeichnen kann, der zur Vollendung von Leopardis *Das Unendliche* geführt hat«.

Auf die erste Arbeit folgten weitere, darunter vor allem mein *Kritisches Porträt* (von Levi, d. Ü.), das zwei Jahre später in der Literaturzeitschrift *Belfagor* erschien, zudem nicht wenige Rezensionen und Interviews. So kam es, dass er mich zu Rate zog, als er die Gedichtsammlung *Zu ungewisser Stunde* zu veröffentlichen gedachte – um nach einem anderen und ihm angemessenen Verlag Ausschau zu halten: Einaudi wurde seinerzeit von einer heftigen Krise heimgesucht, die auch andere Schriftsteller in die Diaspora getrieben hatte, so zum Beispiel Lalla Romano, die mit ihrem Roman *Nei mari estremi* zu Mondadori gegangen war. Ich empfahl ihm Garzanti, was auch tatsächlich klappte.

Levi war zurückhaltend, bescheiden, diskret und sehr freundlich. Und ich war nicht nur fasziniert von der Ausdruckskraft seines Schreibens, seiner vielschichtigen und detaillierten Kenntnisse, seinem exzellenten Gedächtnis, sondern auch von seiner Aufnahmefähigkeit und seiner unzweifelhaften und ganz besonderen Gabe, sich mit einer Genauigkeit und Schlichtheit des Wortes mitzuteilen, in dem dennoch eine Saite mitschwang, die nicht frei von einem gewissen melancholischen Nachhall war: Seine Fähigkeit, Wortgeschnörkel zu vermeiden und stattdessen sein Schreiben auf der gehaltvollen und edlen Nüchternheit der Sprache, auf der schlichten Eleganz der Wortdinglichkeit zu gründen.

Levi persönlich gekannt zu haben, bedeutet auch: In der geschriebenen Sprache die Feinstruktur seiner Sprechstimme wiederzuerkennen – antirhetorisch, aber nicht regungslos, familiär, doch beinahe feierlich, in gleichbleibender Tonalität, aber mit einem ihr eigenen expressiven Nerv.

Zwischen uns war eine Beziehung entstanden, die über klassische Freundlichkeit hinausging, was den Wechsel vom Sie zum Du gestattete und einige nicht gerade alltägliche Widmungen in den Büchern rechtfertigte, die er mir nach und nach zukommen ließ. Eine gewisse Vertrautheit hatte sich eingestellt, und im Zusammenspiel der Umstände entstand die Idee für diese Gespräche. Ich unterbreitete sie Levi in einem Moment, in dem mir schien, ihm damit eine Stütze anbieten zu können. Im ersten Augenblick hatte ich noch kein klares Ziel vor Augen, ganz sicher wandte ich jedoch ein von Levi weitläufig erprobtes und vielfach bekräftigtes Rezept an: »Erzählen ist ein probates Heilmittel.«

In seinem Interview mit Levi »*Ich suche nach einer Lösung, aber ich finde sie nicht*«[5] sagt Ferdinando Camon, womöglich in Anspielung auf persönliche, später dann in einen Roman eingeflossene Erfahrungen, zu Levi: »Sie sind kein niedergeschlagener Mensch und machen auch keinen ängstlichen Eindruck.« Und der Schriftsteller, ob der unerwarteten Beobachtung offenkundig neugierig geworden, antwortet seinerseits mit einer Frage: »Gewinnen Sie diesen Eindruck aus meinen Büchern oder aufgrund meiner Erscheinung?« Darauf Camon prompt: »Aus Ihrer Erscheinung«, und erhält folgende Klarstellung: »Allgemein gesprochen haben Sie recht. Doch ich habe nach der Haft einige Episoden depressiver Krisen erlebt. Ich bin nicht sicher, daß sie mit jener Erfahrung zusammenhängen, denn sie traten jedes Mal unter einem anderen Etikett auf. Es wird Ihnen seltsam vorkommen, aber erst vor Kurzem habe ich eine durchgemacht, eine törichte, depressive Krise ohne schwerwiegendes Motiv. Ich hatte eine kleine Operation am Fuß, und die hat mir das Gefühl vermittelt, ich wäre plötzlich alt geworden. Es hat zwei Monate gedauert, bis die Wunde verheilt war. Darum habe ich Sie gefragt, ob der Eindruck bei Ihnen durch meine Erscheinung oder durch meine Bücher ausgelöst worden ist.«

Camons Gespräch mit Levi basiert auf mehreren Begegnungen, die zwischen 1982 und 1986 (das letzte an einem Sonntag Ende Mai 1986, weniger als ein Jahr vor seinem Tod) stattfanden. Und da es sich um ein thematisch geordnetes Gespräch handelt, lässt sich nur schwerlich sagen, ob die hier angeführte Erläuterung bei ihrem letzten Treffen geäußert worden war. Vermutlich schon, mit Sicherheit aber lässt sich das nicht sagen.

Wie auch immer die Dinge liegen, an Heiligabend 1986 machte ich Levi den Vorschlag, Material für eine Biografie vorzubereiten, die wir auf Anhieb eine »autorisierte« nannten. Ganz unvermittelt hatte ich bei ihm so etwas wie einen Riss in seinem Innern wahrgenommen, und, ich weiß nicht warum, es drängte mich mit einem Mal, ihm ein Projekt vorzuschlagen, an das ich, um ehrlich zu sein, bis zu diesem Zeitpunkt nur ganz entfernt gedacht hatte. So kam es, dass ich instinktiv den Umweg über die »autorisierte Biografie« wählte. Und Levi war zu meiner Überraschung sofort, ohne Wenn und Aber, einverstanden.

Deshalb begab ich mich im neuen Jahr, am Nachmittag des 12. Januar 1987, das kleine Aufnahmegerät in der Tasche, zu ihm nach Hause. Und da, die Eröffnung: »Hast du schon eine Gefechtsordnung im Kopf?« Und ich war gezwungen, ihm zu gestehen, dass ich keine Ordnung hatte, schon gar keine kämpferische, und ganz gewiss war von mir, wie Camon für sein Interview klarstellt, keine »organische Reihe von Fragen, Streitpunkten und Problemstellungen ausgearbeitet« worden, wobei

Camon »darauf bedacht war, dass sie sich auf das gesamte Werk und das gesamte Leben bezogen.« Mein Ansinnen war hingegen – für den Moment – die größtmögliche Menge an Daten und Informationen zu sammeln. Wir legten keine Regeln oder Vorgehensweisen fest, bis auf die eine, uns einer groben zeitlichen Abfolge gemäß zu unterhalten, wobei das Augenmerk vorläufig mehr auf Fakten und Personen denn auf Problempunkte zu richten war: Die schlichte Vorgabe einer Wegstrecke, die in ihrem Verlauf selbst zu ihrer bestmöglichen Form finden würde.

Nach der ersten Begegnung kam es zu zwei weiteren, ebenfalls nachmittäglichen, die eine am 26. Januar, die andere am 8. Februar. Mehr als einmal schaltete ich das Aufnahmegerät ab, um es ihm leichter zu machen, Dinge zu äußern, die er nicht gerne auf Band festgehalten wissen wollte: Einige Male war er es, der mich darum bat, andere Male tat ich es von mir aus. Unsere Abmachungen waren im Übrigen klar. In einem besonders nahegehenden Moment unserer Gespräche war es Levi selbst, der mich gemahnte, dass seine Geständnisse erst noch zu »übersetzen« seien. Er sagte mir das zu einem Zeitpunkt, da er sich selbst explizit als »in einer Krise« befindlich erkannte: »Ich hatte es dir von Anfang an gesagt, es sind Geständnisse, die es zu übersetzen gilt«, anders gesagt, die nach einer Auslegung verlangen. Der wesentliche Unterschied zwischen unseren Unterredungen und anderen Interviews lag mehr im Ton als in den Inhalten, im Timbre, in der Gestik. Es mangelte nicht an der gewohnten Genauigkeit seiner Worte, aber in seiner Haltung ließ er streckenweise ein gewisses Nachlassen erkennen. Das zeigte sich auch darin, dass er mich am Ende des zweiten Treffens, anders als es unserer Gepflogenheit entsprach, die nur einen schlichten Händedruck vorsah, zum Abschied umarmte.

Nach der dritten Sitzung sagte er, wir müssten eine Unterbrechung machen, denn er habe sich einem stationären Eingriff zu unterziehen. So wie es eben seine Art war, mit einer freundlichen Bestimmtheit, die keinen Widerspruch duldete, untersagte er mir sowohl, ihn im Krankenhaus aufzusuchen, als auch seine Angehörigen anzurufen, um mich nach seinem Befinden zu erkundigen. Und ich hielt mich an die Anweisungen.

Vor dem Eingriff ging ich noch einmal zu ihm, denn ich wollte ihm meine soeben erschienene Anthologie bringen, für die ich die Erzählung *Arsen* aus *Das periodische System* ausgewählt hatte: Er kam mir nicht unzufrieden vor und berichtete mir, dass die Erzählung erst kürzlich ins Chinesische übersetzt worden sei. Ich traf ihn in Gesellschaft von Alberto Salmoni, just dem Freund Emilio aus *Das periodische System*. Aber es war ein Blitzbesuch, der sich auf der Türschwelle abspielte.

Als ich beschloss, mich wieder bei ihm zu melden, war es bereits April, Ostern stand vor der Tür. Gegen Mittag rief ich bei ihm an. Er nahm den Anruf selbst entgegen und seine Stimme klang warm und herzlich, ja er schien bester Laune. Noch bevor ich ihn darauf ansprechen konnte, verkündete er, bereit zu sein, »die Arbeit wieder aufzunehmen«. Nur sollten wir, legte er mir nahe, den kommenden Sonntag auslassen, da müsse er nämlich eine amerikanische Fotografin für einen Artikel empfangen. Und so verblieben wir, dass ich ihn in der darauffolgenden Woche wegen der Vereinbarungen anrufen würde, die zu treffen uns nicht mehr vergönnt sein sollte.

GIOVANNI TESIO

Mein Dank gebührt Maurizio Crosetti und Guido Davico Bonino, denn sie haben den Text gelesen, und Fabio Levi, der als Vermittler und Bürge fungiert hat.

Ich, der ich zu Euch spreche

Montag, 12. Januar

Hast du schon eine Gefechtsordnung im Kopf?

Ich würde in chronologischer Reihenfolge vorgehen, beginnend mit dem Erinnerungsschatz deiner Eltern, deines Vaters, deiner Mutter, woher sie kamen. Also, ich würde sagen, wir umreißen deine Familiensituation, die Großeltern beiderseits wollen wir mit deinem Vater beginnen? Viele Dinge über meinen Vater weißt du bereits durch die Lektüre von *Das periodische System*, einiges kann ich noch hinzufügen. Früh schon, im Alter von nur vierundsechzig Jahren, ist er an einem Tumor gestorben. Er war ein Mann, der es verstanden hat – solange die Gesundheit mitspielte – das Leben zu genießen. Er war sehr wissbegierig, stets wollte er etwas dazulernen. Er reiste viel und sprach fließend Französisch und Deutsch. Im Alter von sechzig Jahren hat er sich nochmals hingesetzt und Englisch gelernt und seine Kenntnisse im Integralrechnen aufgefrischt, das er während seines Ingenieurstudiums gelernt hatte, aber jetzt übte er sich darin. Hin und wieder fallen mir zu Hause noch Zettel von ihm in die Hände, meistens mit Integralrechnungsaufgaben, gelöste und ungelöste.

Wohin reiste er? Zuerst bereiste er Frankreich und Belgien, dann hielt er sich viele Jahre in Ungarn, in Budapest auf.

Immer im Auftrag einer Firma? Ja. Während der Zeit des Ersten Weltkriegs war er in Italien geblieben, denn als Direktor einer Fabrik, die Kugellager herstellte, also von Interesse für die Kriegsführung war, galt er als unabkömmlich und war folglich vom Militärdienst befreit worden.

Wo befand sich die Fabrik? Soweit ich mich erinnere, in Turin, aber ich weiß nicht mehr genau, wie sie hieß. Der Ausbruch des Ersten Weltkriegs hat ihn in Budapest überrascht, aber anstatt ihn in ein Konzentrationslager[6] zu stecken, wie es in anderen Zeiten geschehen wäre, haben sie ihn mit einem Ausweisungsbescheid auf ein Schiff nach Italien verbracht, und gesund und munter ist er hier gelandet. Seine Beziehungen zu Ungarn hat er aufrechterhalten. Er arbeitete für eine große Gesellschaft, einen Maschinen- und Kraftanlagenbauer, und war dort als Konstrukteur tätig. Dann, nach meiner und der Geburt meiner Schwester, wurde er zum Vertreter dieser Fabrik für das Piemont und Ligurien. Er hatte den Ingenieursberuf beinahe aufgegeben, aber als Vertreter hatte er die Oberaufsicht über die Montage dieser Vorrichtungen und bereiste dafür das gesamte Piemont und Ligurien.

Ein sehr umtriebiger Mensch. Er war ein sehr kurioser[7] Mann, in beiderlei Hinsicht der Wortbedeutung: Neugierig, denn alles weckte seine Neugier, er las sehr viel; und eigenwillig war er, denn er war ein *bon vivant*. Gutes Essen bereitete ihm einen Riesengenuss. Er hat es nie zu wirklichem Reichtum gebracht. Hin und wieder war zu Hause die Rede davon, ein Automobil zu kaufen, doch damals war ein eigenes Auto noch etwas Märchenhaftes, und nie wurde eines gekauft.

Ihr wart aber doch eine wohlhabende Familie. Schon, ja, es gab einen maßvollen, vernünftigen Wohlstand. Wir hatten eine Haushälterin, andererseits war es damals ziemlich normal, eine feste Kraft im Haushalt zu beschäftigen. Sie kümmerte sich um alles, sie verehrte die Heilige Rita und unternahm zaghafte Versuche, uns zum Katholizismus zu bekehren. Sie war höflich und sehr friedlich.

Wollen wir nochmals auf deinen Vater zu sprechen kommen? Mein Vater war bekannt für allerlei Anekdoten, für seine Jacketts, für seine Bücher, und weil er den Rechnungsbetrag für den Schinken auf der Waage mit dem Rechenschieber nachrechnete. Der Wurstverkäufer in Cogne, der zugesehen hatte, wie er damit im Handumdrehen eine blitzschnelle Multiplikation zur Rechnungsprüfung durchgeführt hatte, war neugierig geworden und hatte sich so ein Ding aus Aosta besorgen lassen. Dann hatte er sich bei meinem Vater beschwert: »Meiner funktioniert aber gar nicht!« In der Tat ist es nicht einfach, damit umzugehen, es handelt sich um ein antiquiertes Stück, etwas aus der Zeit vor vierzig Jahren, heute ist der Rechenschieber ein archaisches Instrument. Den meines Vaters habe ich noch immer.

Als Andenken? Nein, wenn es darum geht, mal rasch eine ungefähre Multiplikation zu machen, ist man mit dem Rechenschieber schneller als mit der Rechenmaschine.

Wie sah dein Vater aus? Er war klein, untersetzt, sehr kräftig. Er prahlte damit, nie in seinem Leben beim Zahnarzt gewesen zu sein. Nie hat er Sport getrieben, gleichwohl war er eine stattliche Erscheinung. Er besaß von Natur aus einfach eine gute Konstitution.

So über die äußere Gestalt deines Vaters sprechend, kommt mir in den Sinn, dass du ja gar nicht in jüdischer Religion unterwiesen wurdest? Es war ein Mittelding. Mein Vater war sehr unschlüssig, wie wenig er das auch zugab. Er war bei einem Rabbi in Pension gewesen und hatte insofern etwas aufgesogen. Vor allem aber hatte er das jüdische Ritual übernommen. Er hatte gewisse Skrupel, Schinken zu essen, aß ihn aber trotzdem. Einige wenige Male, ich erinnere mich, hat er mich zu Jom Kippur in die Synagoge begleitet. Er fastete, was bedeutete, er ließ das Frühstück aus, dann aber, zu Mittag, speiste er, insofern würde ich sagen, er war, was die Religion im strengeren Sinn angeht, vor allem ein Antitraditionalist. Auch im Gespräch schwätzte er nicht einfach so darüber. Ich erinnere mich noch, ich war vielleicht vier Jahre alt, als er zu mir sagte: »Wir sind Juden.« Ich habe ihn gefragt, was das zu bedeuten hätte, und er hielt mir einen Vortrag, den ich nicht verstand, und ich verband das Wort »Juden« mit dem Wort »Bücher«. Noch heute existiert für mich eine fälschliche etymologische Verbindung zwischen *libri* (Bücher) und *ebrei* (Juden), ich würde sagen, es ist eine etymologische Fehlleistung.

Aber ein gewisser Gleichklang besteht ... Das ist kein zufälliger Gleichklang, denn die Juden sind das Volk des Buchs. Alles Dinge, derer ich mir damals nicht bewusst war, vielleicht nicht einmal mein Vater. Gewiss, mein Vater hat mich nie gedrängt, mein Jude-Sein, zum Beispiel in der Schule, besonders herauszukehren. Sowohl meine Eltern als auch die Lehrerin hatten mich dahingehend ermahnt. Seinerzeit war es in den Grundschulen Pflicht, dass sich alle Schüler vor Unterrichtsbeginn erhoben und im Stehen das Vaterunser aufsagten. Und ich stand auf, ohne das Vaterunser mitzusprechen. Ich erinnere mich noch an die Lehrerin, die mir mit einer sanften Berührung bedeutete, dass sie meine Respektsbezeugung vor der Mehrheitsreligion zu schätzen wusste. Und wenn dann die Religionsstunde kam, waren ich und ein anderer Junge, der zur protestantischen Waldenser Kirche gehörte, angehalten, rauszugehen, und bis zum Ende der Unterrichtsstunde mussten wir uns im Korridor auf einer Bank langweilen.

War das nur langweilig oder hatte es auch etwas Diskriminierendes? Es war nur langweilig, nicht diskriminierend.

Waren deine Beziehungen zu deinen Klassenkameraden in der Grundschule normal? In der Grundschule völlig normal.

Wohingegen später dann Eben, das wollte ich noch vorausschicken: Das Judentum als Religion wurde mir nicht vermittelt; das Judentum als Lebensform auf gewisse Weise schon, denn vermutlich ist diese Fähigkeit meines Vaters, unterschiedslos alles zu lesen und sich alles Interessante anzueignen, ein jüdisches Vermächtnis, und das teilte er sich mit seinen zwei Brüdern, die ganz anders waren als er. Und doch stibitzten sich alle drei gegenseitig die Bücher, berichteten einander, welches interessante Buch erschienen war, lasen französische Bücher im Original. Mein Vater las auch auf Deutsch, er hatte sich in den Kopf gesetzt, Schopenhauer im Original zu lesen, ohne viel zu begreifen, ihm fehlte dazu einfach die Voraussetzung. Er hatte nur eine technische Berufsschule besucht, war nicht auf dem Gymnasium[8] gewesen – von Schopenhauer konnte er nicht viel verstehen.

Trotzdem wollte er es unbedingt. Sicher, er hatte diese große Begierde. Ich erinnere mich daran, denn tatsächlich war er auch ein wenig ein Weiberheld.

Ein »bon vivant« in jeder Hinsicht. Ja, er versuchte die Freundinnen meiner Mutter zu verführen, indem er ihnen etwas von Schopenhauer erzählte, mit geringem Erfolg. Sie lachten hinter seinem Rücken über ihn und hielten ihn für ein wenig fanatisch. Er hatte eine Entdeckung gemacht: Erinnerst du dich an das *Giornalino di Gian Burrasca* von Vamba[9]? Es ist ein Plagiat.

Schon komisch, dass es bisher niemandem aufgefallen ist, denn noch bevor *Il Giornalino di Gian Burrasca* erschienen war, las er uns auf Italienisch dessen deutsches Gegenstück vor. Es gab ein solches Werk, den Titel erinnere ich leider nicht mehr, nur noch einige Worte: Es war die Geschichte eines ungezogenen Jungen, aber es war fast wörtlich die Entsprechung des *Giornalino di Gian Burrasca*. Es wäre sicherlich verdienstvoll, eine kleine Nachforschung dazu anzustellen. Ich erinnere mich nur noch an das Wort *Bube*[10]. Meine Schwester und ich sagten: »Papa, lies uns *Bube* vor.« Und simultan übersetzend las er uns vor.

Von Plagiat hat er euch gegenüber gesprochen? Als das *Giornalino di Gian Burrasca* erschien[11], hat er zu uns gesagt: »Aber das ist ja kopiert!«

Eine sehr sympathische Person, dein Vater. Viele fanden ihn sympathisch, ja eigentlich alle, mit denen ich gesprochen habe. Zu mir war das Verhältnis recht dürftig. Er war nicht das, was man einen aufmerksamen und besonders liebevollen Vater nennt. Er war stolz auf meine schulischen Leistungen, aber die Vater-Sohn-Beziehung im eigentlichen Sinn, also eine, die auf Beschützen, Lenken, Teilnahme gründet, war eher blass.

Also hast du nicht viele Erinnerungen an ihn als Vater. Als er starb, war ich einundzwanzig Jahre alt. Nein, falsch, es war das Jahr 1942, also war ich dreiundzwanzig. Ich habe keinen großen Schmerz darüber verspürt.

Kam es vor, dass ihr gemeinsame Spaziergänge unternahmt? Nein, er hasste Spazierengehen, er war ein echter Stadtmensch, ein urbanes Geschöpf. Er führte uns aus, aber über die Via Po. Mit uns einen Ausflug ins Grüne zu machen, wäre ihm nie und nimmer in den Sinn gekommen. Ländliche Gegenden mochte er nicht, die Natur interessierte ihn nicht. Wenn er an den gewohnten Orten wie Bardonecchia, Meana, Torre Pellice zu uns in die Sommerfrische kam, dann überließ er sich ganz der Lektüre oder spielte Karten. Er brachte uns bei, die Tarotkarten zu legen, und verlangte, dass wir das gemeinsam machten; wir taten es, aber mit geringer Begeisterung.

Zumindest habt ihr seinem Wunsch Folge geleistet ...
Er brachte uns die Spiele seiner Kindheit bei. Er hatte einen Kreisel gekauft und uns gezeigt, wie man damit umgeht, wie man den Kreisel tanzen lässt; es ist nicht einfach, die Kreisel der anderen mit der Kreiselpeitsche zu traktieren. Er hatte uns gezeigt, wie man aus einem Holunderast ein *s-ciopèt*[12], eine Donnerbüchse, bastelt.

Wie funktioniert so ein s-ciopèt? Es ist ein ausgehöhlter Holunderast, in den zwei Ladungen eingeführt werden, die eine fungiert als Projektil, die andere als Kompressor, und letzteren presst man in den ausgehöhlten Ast, bis das Projektil losschießt.

Er war kein wirklich berechenbarer Mann. Er war recht infantil. Ich glaube nicht, dass er meiner Mutter ein guter Ehemann war. Er war mondän, ihm gefiel es, in Gesellschaft zu sein, ins Theater zu gehen. Meine Mutter hingegen war sehr verschlossen, sie war fünfzehn Jahre jünger als er.[13]

Aber ihre Ehe (bitte verzeih, die Frage dürfte dir indiskret erscheinen), war sie eine arrangierte? Ja, sie war von gemeinsamen Verwandten arrangiert. Mein Vater war ein Mann von

Welt, wie es so schön heißt, und stand am Anfang einer vielversprechenden Karriere, die er tatsächlich auch gemacht hat. Meine Mutter war äußerst konservativ erzogen. Ich kann dir nicht sagen, ob sie jemals dem Charme dieses ach so brillanten Ingenieurs erlegen ist. Vermutlich ja, denn sie war ein junges Ding, er ein welterfahrener Mann.

Auf alle Fälle hat deine Mutter nie mit dir über ihn gesprochen. Nein, nie.

Kommen wir noch einmal einen Moment auf deine religiöse Erziehung zurück: War die Haltung deiner Mutter darin eine andere? War sie mehr darauf aus, die jüdischen Traditionen zu achten? An den Traditionen im Allgemeinen hielt sie schon fest, nicht aber unbedingt an den religiösen.

Also nicht einmal sie stammte aus einer strenggläubigen Familie? Es ist seltsam. Mein Großvater mütterlicherseits war auch in religiöser Hinsicht ein traditionsverbundener Mann, er ging in den Tempel und zelebrierte die Feste. Seltsamerweise hat meine Mutter nichts davon abbekommen, doch du weißt ja selbst, dass Frauen im Judentum wenig zählen, an sie wird nicht viel weitergegeben.

Wenn es überhaupt Sinn macht, dir diese Frage zu stellen – wer hat mehr auf dich eingewirkt? Ganz sicher meine Mutter, mehr als mein Vater.

War sie präsenter? Ich würde behaupten, genetisch bin ich von meinem Vater geprägt, er hat mir eine gewisse Wissbegierde, auch mit ihm als Vorbild, mitgegeben. Er hat mir viele Bücher besorgt. Ich brauchte mir nur eines zu wünschen, schon hielt ich es in Händen. Von meiner Mutter muss ich eine gewisse Bedächtigkeit geerbt haben, aber mir fällt es schwer, über diese Dinge zu reden. Meine Mutter lebt ja noch

Es ist nicht zwingend nötig, dass wir darüber reden.
Überdies sind das Dinge, die man als Außenstehender besser erkennt. Nun, meine Mutter und ich stehen im Ruf einer gewissen Klugheit, ich weiß nicht, ob auch verdientermaßen, ich will nicht übertreiben. Mein Vater neigte zur Selbstüberschätzung. Auf der anderen Seite wüsste ich nicht zu erklären, warum ich mich zum Beispiel, ohne jemals die Gipfel zu erreichen, dem Alpinismus verschrieben hatte, und das auf völlig sinnlose, halsbrecherische Weise. Ich weiß nicht, von wem ich das habe, vielmehr, da fällt mir wieder ein, mein Vater und meine Mutter haben das ganz und gar missbilligt. Es war meinerseits ein Trotzverhalten, eine Rebellion ...

War dir da nicht auch ein wenig Verrücktheit, vielleicht in abgemilderter Form, von deinen Vorfahren mit auf den Weg gegeben? Ja, mag sein, dass das von weither kommt. Aber die, die ich kennengelernt habe, waren nicht so, von den anderen ist mir da etwas zu Ohren gekommen. Beachte bitte – du weißt das ja – dass die Vorfahren, die ich als solche beschrieben habe[14], Vorfahren in einem sehr weit gefassten Sinne waren, denn ich habe mir auch Vorfahren von anderen ausgeliehen, die zur Gemeinschaft, zur *ha keillah* gehören.

Wollen wir ein wenig über deine Großeltern väterlicherseits sprechen? Meinen Großvater väterlicherseits habe ich nie kennengelernt. Er hat Selbstmord begangen, ich weiß nicht, unter welchen Umständen, ob wegen eines finanziellen Desasters. Ich trage seinen Vornamen, denn ich heiße wie er Michele.

Michele? Ja, Primo Michele, ich habe zwei Vornamen. Ich weiß nichts über ihn. Ich habe eine Porträtaufnahme von ihm gefunden und seine Examensarbeit. Auch er war Ingenieur.

Das ist ja eine Familientradition. Ich glaube nicht, dass er tatsächlich als Ingenieur gearbeitet hat. Ich denke, er verwaltete einfach nur Grundbesitz in Bene Vagienna, den er wohl besaß. Über seinen Selbstmord weiß ich nichts, wollte auch nie etwas wissen. Was meine Großmutter väterlicherseits angeht, so habe ich sie in *Das periodische System* porträtiert, da gibt es nicht viel hinzuzufügen, sie war keine sympathische Frau. Es gab Fotografien von ihr, gegen Ende des 19. Jahrhunderts, die ich noch haben muss, irgendwo in einer Ecke werden sie wohl sein. Sie war sehr schön. Dann hat sie neu geheiratet, einen Christen, einen Arzt. Gemischte Ehen kamen damals viel häufiger vor als heute. Sie hat mir immer große Angst eingejagt.

Gemischte Ehen gab es häufiger als jetzt? Ja, die Liberalisierung hat eine gewisse Öffnung geschaffen, viele Verwandte, von denen ich gehört habe, führten eine Mischehe.

Und du meinst, dass es jetzt nicht mehr so ist? Mit Gewissheit kann ich das nicht sagen, ich habe keine Daten zur Hand. Nach dem Krieg und infolge der Rassengesetze verhielt es sich ganz entschieden so. Die Rassengesetze haben das Judentum wieder hermetisch in sich selbst verschlossen; es wäre einem nicht in den Sinn gekommen, außerhalb dieses jüdischen Kreises zu heiraten. Nur sehr wenige taten das.

Die anderen zwei Brüder, was machten die so im Leben?
Einer war Augenarzt, auch er ein *bon vivant*. Alle drei eigentlich. Er hatte eine sehr unstete, sehr ruhelose Frau geheiratet ...

Wie hießen sie? Cesare, mein Vater, dann Mario, der
Augenarzt, und Enrico, der Devisenhändler. Er wohnte in
Genua, auch er ein sehr ruheloser Mensch. Er war von den drei
Brüdern der mit der geringsten Bildung, er hatte keinen Universitätsabschluss, gleichwohl besaß er eine wunderbare Bibliothek mit echten Raritäten, und er las viel.

Das ist eine Konstante. Eine Konstante in der Familie des
Vaters.

Und seitens der Mutter? Mein Großvater mütterlicherseits
war ein Patriarch, auch er hieß Cesare, mit Nachnamen Sarti.
Er war ein Riesenkerl, übergewichtig, ein tüchtiger Geschäftsmann. Er hatte als Verkäufer in einem Tuchgeschäft in der
Via Roma gearbeitet, es dann übernommen und über lange
Jahre erfolgreich geführt. Er war reich geworden, er hatte eine
Villa in Piossasco[15] erworben, in der wir über viele Jahre ein-
und ausgingen. Er hatte sechs Kinder, meine Mutter war die
Erstgeborene.

**Verzeih, wenn ich dich unterbreche, und dein Vater war in der
Geschwisterfolge ...** Der erste, auch er, der Erstgeborene. Es
heißt, dass ich Primo genannt wurde, weil ich der erstgeborene
Enkel beziehungsweise Sohn zweier Erstgeborener bin.

**Die sechs Kinder von Großvater Sarti? Willst du sie Revue
passieren lassen?** Ja, gewiss. Die erste ist meine Mutter. Sie
war Hausfrau, Herrscherin über den Haushalt, wie es eben Tradition war, und hier zu wohnen, zusammen mit meiner Mutter,
das ging nicht immer ohne Leidensdruck seitens meiner Frau
vonstatten. Erst als meine Mutter abdanken musste, wurde sie
zur Herrscherin des Hauses. Die zweite Schwester heißt Ida, sie

lebt noch, sie ist neunzig Jahre alt. Die dritte war Grundschullehrerin. Sie ist während des Krieges nach Brasilien ausgewandert. Sie hieß Nella, war eine äußerst lebhafte, joviale, sympathische und lustige Frau. Sie ist an Krebs gestorben.

In welchem Alter? Sie war rund fünfundfünfzig Jahre alt. Das vierte Kind war ein Junge, er hieß Corrado und ist vor wenigen Jahren gestorben, über ihn sollte man doch einige Worte verlieren.

Hat er ebenfalls ein hohes Alter erreicht? Er ist recht betagt gestorben. Er war ein bemerkenswerter Mann, er hatte keine (höhere, d. Ü.) Schulbildung, denn er hatte sich stur verweigert. Trotzdem erlernte er verschiedene Musikinstrumente und sprach recht und schlecht mehrere Fremdsprachen. In Rom hat er seinen Militärdienst geleistet und war eine bekannte Figur, denn in den dienstfreien Stunden setzte er sich in den Kinosälen einfach ans Klavier und improvisierte, spielte jedes Stück. Nach dem Ersten Weltkrieg – um den Kriegsdienst war er, Jahrgang 1900, um Haaresbreite herumgekommen – war er siebzehn Jahre alt und arbeitete zusammen mit seinem Vater im Tuchgeschäft. Aber zugleich war er einer der Pioniere des Kinos hier in Turin, er war mit Pastrone[16] befreundet, arbeitete mit ihm, kümmerte sich um die Spezialeffekte, und wenn Not am Mann war, trat er auch als Schauspieler auf. Alle übernahmen seinerzeit jeden Part. Er besaß eine Pathé-Baby-Filmkamera und hatte damit einen Film gedreht, bei dem alle seine Freunde und Verwandten aufgefordert waren mitzuarbeiten. Er erzählte mir, dass die Filmrequisite des Vulkans aus *Die letzten Tage von Pompeji* (1959) von ihm stammte ... er war *so* groß, echter Modellbau. Er war auch ein Pionier des Radios. Allein aufgrund seines chaotischen Kopfes und aus Mangel an Disziplin hat er sich nicht mit den Größen des Radios zusammengeschlossen. Aber er hatte Detektorradios konstruiert und wusste sie zu nutzen; er besaß eine eigene Werkstatt und dort führte er sie mir vor. Er war auch ein Abenteurer, der – seinerzeit war Reisen keine Selbstverständlichkeit – gefährliche Bergbesteigungen unternahm; er war ein sehr guter Schwimmer und besaß sofort eines der ersten Motorräder. Mein Großvater hatte ihm ein Auto versprochen, sollte das erste Kind meiner Mutter ein Junge sein. Und da ich nun mal männlichen Geschlechts bin, hat er dank meiner ein Auto bekommen.

Und war er dir dankbar? Ja, er war mir dankbar, nahm mich öfters mit; später hat er noch oft seinen Wagen gewechselt.

Der fünfte? Der fünfte Bruder stand völlig im Schatten des vierten. Über ihn gibt es wenig zu erzählen. Er hieß Gustavo. Er war fürs Studieren auserkoren, aber er strengte sich nicht besonders an. Er war der einzige, der am Gymnasium eingeschrieben war, aber er hat nur die Sexta gemacht, dann hat er abgebrochen. Er war ein verhuschter, sehr sanftmütiger Mensch, der ohne großen Erfolg versuchte, in die Fußstapfen seines Bruders zu treten. Sie hatten ihn mehrmals auf Kreuzfahrt geschickt, damit er eine Frau fände. Auch er ist vor wenigen Jahren gestorben. Das sechste Geschwister, ein Mädchen, lebt noch. Sie war immer sehr munter und umtriebig, vielleicht ist sie auch die intelligenteste von den Sechs. Sie ist sehr früh und auf tragische Weise Witwe geworden, hatte es gerade noch geschafft, zwei Kinder in die Welt zu setzen, die sie dann heldenhaft, durch alle möglichen Gelegenheitsarbeiten, alleine großgezogen hat. Während des Kriegs musste sie sich und die Kinder verstecken. Es war sehr schwierig, ihren acht und neun Jahre alten Kindern beizubringen, dass sie nicht Segre heißen.

Auf alle Fälle hat sie mit beiden Kindern überlebt. Seit vier Jahren lebt sie woanders.

Siehst du sie noch? Ist sie noch klar im Kopf, gut beieinander? Ja, ich sehe sie noch und sie ist noch sehr klar im Kopf.

Dann ist sie ein Hort der Erinnerungen. Ja, sie hat die ganze Familiengeschichte noch parat.

Daraus ließe sich doch schöpfen ... Es wurde daraus geschöpft, denn sie hat begeistert an einer Fernsehsendung, der von Caracciolo[17], teilgenommen, die dann aber vor der Ausstrahlung eingekürzt wurde. Ihr Beitrag, der sehr schön war, wurde für die Sendung zwar aufgenommen, vor der Ausstrahlung aber herausgeschnitten.

Ich frage dich das ganz eigennützig, denn ich möchte noch andere Stimmen aus deiner Familie hören ... Dafür wäre jetzt nicht der passende Moment, sie leidet an einer schlimmen Arthrose am Bein.

Ich sage ja nicht unmittelbar, vielleicht ein andermal ... Mittlerweile lagern diese Erinnerungen in Personen, die leider nicht mehr fähig sind, sich ihnen zu stellen. Nun, meine Mutter erinnert noch vieles, aber sie hat keine Lust, sie ist müde. Eine Quelle, eine der Hauptquellen meines Familienwissens war der Ehemann meiner Tante Ida. Auch er war bei einem Rabbi in Pension gewesen und erinnerte sich an sehr viele Dinge. Er hat mir zahlreiche Anekdoten erzählt, die ich dann weitergegeben habe; er führte ein recht kurioses Leben, denn er gehörte zur einzigen jüdischen Familie, die in Venasca lebte, einem Ort in der Nähe von Saluzzo, auf dem Weg Richtung Val Varaita.

Obgleich Jude, führte er ein Leben ganz wie seine Altersgenossen, was bedeutete, er unternahm endlos weite Radausflüge, ging klettern, ging bei den Frauen ein und aus; nur die Feiertage, die musste er mit seiner Familie begehen, das war ein Gebot. Er war ein schöner Mann, man erzählt sich verschiedene Don-Giovanni-Abenteuer über ihn. Er hatte im Ersten Weltkrieg gekämpft, bekam Malaria ...

Also in eurer Familie gab es diese kulturelle, intellektuelle Neugier. Ja.

Aber auch die technisch-wissenschaftliche Seite kam nicht zu kurz, scheint mir. Du hast zum Beispiel daran erinnert, dass dein Vater Jules Verne den Vorzug vor Emilio Salgari gab. Ja, gewiss, denn Verne war viel ernsthafter.

Und wenn wir das als Ausgangspunkt für die Erinnerungen an deine Kindheit nähmen? Woran erinnerst du dich? Meine Erinnerungen reichen sehr weit zurück, ich erinnere mich sehr gut an etwas, da war ich sicherlich erst ein Jahr alt, eine Erinnerung, die ich überprüfen könnte: Als Einjähriger war ich in Torre Pellice, und vor meinen Augen wurde ein Ameisenhaufen zerstört, ich wüsste jetzt nicht, wie das überprüfen, aber ich bin mir sicher, dass es in Torre Pellice war und ich deshalb ein Jahr alt gewesen sein muss. Ich besitze viele unzusammenhängende Erinnerungsfetzen, zum Beispiel als ich eine Hautabschürfung an der Hand hatte, und eine Bäuerin sagte: *Che dròlo!*, und ich meine Mamma fragte, was *che dròlo*[18] denn zu bedeuten hätte. Ich hatte Spielkameraden, die ich später aus den Augen verlor. Die Erinnerung an meine Kindheit ist in den Hintergrund getreten, sie war eine glückliche, wenn ich auch nicht weiß, wie sehr, aber friedlich war sie, ja, sie verlief ruhig, bis ich etwa vierzehn, fünfzehn Jahre alt war.

Du sprachst von den Sommerfrischen in Torre Pellice, Bardonecchia, Meana. Seid ihr jedes Jahr woanders hingefahren? Habt ihr Euch eingemietet? Besaßt ihr ein eigenes Ferienhaus? Wir mieteten ein Haus, eine Unterkunft. Der Aufenthalt auf dem Land dauerte drei Monate.

Also war deine Kindheit zweigeteilt: Einen Teil verbrachtest du auf dem Land, den anderen in der Stadt, in der Schule. Ich erinnere beinahe nur noch die Zeit auf dem Land, die Schule war sehr monoton. Ja, so richtig sind mir nur noch die Sommerfrischen in Erinnerung geblieben; recht genau erinnere ich mich an Torre Pellice, aber auch an Bardonecchia und Meana.

Bist du je an eure Ferienorte zurückgekehrt? Ja, das tat ich, und ich fand sie so viel kleiner als ich sie in Erinnerung hatte, wie es häufig der Fall ist. Heute sind die Orte völlig verändert.

Irgendein Erinnerungsfetzen wird dir wohl geblieben sein.
Ja, Fragmente sind tatsächlich noch vorhanden: die Landschaft ist mir geblieben.

Gibt es etwas, das dich ausrufen lässt: »Hoppla, genau an das erinnere ich mich«? Die Berge bei Bardonecchia.

Straßen, Winkel, spezielle Orte? Ich bin so selten dorthin zurückgekehrt ...

Du hast also kein Heimweh? Nein.

Und nach welchen Kriterien wurden die Ferienorte ausgewählt? Die jeweilige Sommerunterkunft wurde nach ihrer Erreichbarkeit mit dem Zug ausgesucht. Mein Vater ertrug die Hitze in Turin nicht und suchte Orte aus, die er jeden Abend erreichen konnte. Und da es Zugverbindungen nur nach Torre Pellice, Bardonecchia, das Valle di Susa gab, fiel die Wahl auf sie.

Ich frage dich das, weil ich an die Aufenthalte von Benedetto Croce in Meana denke ... Die Sache mit der bequemen Zugverbindung galt eigentlich für alle, es gab dort, (in Meana di Susa, d. Ü.) einen Bahnhof, nicht aber in Susa Stadt selbst.

Also keine Autos. In der Tat, nicht einmal die reichen Familien kamen mit dem Wagen, es gab einfach noch keine Infrastruktur, keine Reparaturwerkstätten, keine Tankstellen. Man musste sehr couragiert sein, um ein Auto zu besitzen, man brauchte auch einen Chauffeur.

Hast du mit den anderen gespielt? Gab es Spielkameraden in deiner Familie? Ich hatte meine Schwester als wichtigsten Spielkameraden.

Wie groß war der Altersunterschied? Eineinhalb Jahre.

Wie ist ihr Name? Anna Maria.

Eineinhalb Jahre Altersunterschied sind gut, um zu spielen, nicht wahr? Sehr gut sogar, und wir haben eine so innig gelebte gemeinsame Kindheit, dass uns Berge von Erinnerungen geblieben sind. Wir erinnern uns wechselseitig an Gesagtes, an

Getanes, an Begegnungen mit Personen – eine Beziehung, die nie zu Ende war.

Besonders auffällig erscheint mir die Fülle der Erinnerungen. Ja, es gibt Erinnerungen in Hülle und Fülle, aber ich bin bis heute verschwenderisch damit umgegangen, ich habe beinahe alle vollständig aufgearbeitet, fast nichts davon liegt in mir noch brach.

Das scheint mir nicht so. Mir scheint, dass ich alles, was es zu sagen gab, gesagt habe, aber ich muss noch einige Dinge, einige Episoden hinzufügen. Ich war ein kränklicher Knirps, immer hatte ich etwas – Grippe, Halsweh, Magenschmerzen, entweder dies oder das, so dass meine Eltern beschlossen, mich in der ersten Klasse Gymnasium privat unterrichten zu lassen. Meine Lehrerin für Italienisch war Marisa Zini, Tochter von Zino Zini[19]; in Mathematik hatte ich meine ehemalige Grundschullehrerin, eine reizende Person …

Über sie müssen wir noch sprechen, ebenso wie über alle deine Erfahrungen während der Grundschulzeit. Ah, die Grundschule! Ich war dauerhaft der Zweitbeste der Klasse.

Du bist ganz regulär im Alter von sechs Jahren eingeschult worden? Ja, genau mit sechs Jahren.

Wer weiß, weshalb ich überzeugt war, du wärest schon ein Jahr früher zur Schule gegangen. Nein, das wäre auch aus gesundheitlichen Gründen gar nicht möglich gewesen, denn ich war ein anfälliges Kind, nicht, dass ich schwerkrank gewesen wäre, aber immer war da etwas, und ich war auch eher schmächtig. Meine Schwester, jünger als ich, überragte mich.

Also hat sie weniger Probleme gehabt als du. Ja, das kann man sagen. Von meiner Schulzeit erinnere ich viel Langeweile, denn es wurde Stoff unterrichtet, den ich bereits kannte.

In welche Schule gingst du? In die Rignon, in der Via Massena.

Die ganzen fünf Jahre? Vier Jahre, das fünfte Schuljahr habe ich übersprungen.

Immer bei der gleichen Lehrerin? Nein, ich hatte auch einen dummen und langweiligen Lehrer.

Weißt du noch, wie er hieß? Nein, an seinen Namen erinnere ich mich nicht mehr.

War er jung, war er schon älter? Mir kam er steinalt vor. Er wird um die Vierzig gewesen sein.

Aus welchem Grund fandest du ihn dumm und langweilig?
Dafür gab es einen ganz spezifischen Grund. Ich erinnere mich noch sehr genau an eine Frage, die ich ihm gestellt hatte, ob nämlich ein starker Mann in der Lage wäre, einen Stein horizontal von sich wegzuwerfen. Er hat das bejaht und eine entsprechende Zeichnung mit einer geraden Linie an die Tafel gemalt und am Ende gesagt: »Doch dann fällt der Stein nach unten.« Das ist aber falsch, es geht nicht. Nicht einmal der stärkste Mann der Welt kann einen Stein in eine horizontale Wurfbahn schleudern. Ich wusste, dass es sich so verhielt, ich hatte ihn also auf die Probe gestellt.

Du hast ihn provoziert. Ja, ich habe ihn provoziert. Aber darüber hinaus erinnere ich nichts mehr. Ich weiß nur noch, wie langweilig sein Unterricht war.

Hattest du ausgeprägte Sympathien und Antipathien?
Meine Lehrerin Emilia Glauda war mir sehr sympathisch. Erst vor wenigen Jahren ist sie hochbetagt gestorben; sie war eine engelgleiche Person und trug noch lange Röcke, bis fast an die Knöchel.

Sie hat also dein Herauskommen als Schriftsteller mitverfolgt. Ja, ja, sie hat mir in ihrer wunderschönen Handschrift geschrieben.

Willst du mir ein wenig von ihr erzählen? Ich kann nicht sehr viel mehr sagen, als dass sie eine äußerst liebevolle, geduldige Person war, eine Lehrerin wie aus dem Buch *Cuore*[20], eine kleine Lehrerin, die sich mit Leib und Seele dieser Mission gewidmet hatte. Sie war unverheiratet.

Sie war also noch jung? Sie wird um die fünfunddreißig gewesen sein.

Dein Werdegang in der Grundschule, wie war der? Wie ich dir schon sagte, ich war der zweite in der Klasse, ich hatte immer prächtige Noten.

Wer war der Klassenbeste? Der hieß Aldo Conti. Ich bin ihm noch vor wenigen Jahren begegnet, ein guter Junge, sehr brillant, sehr intelligent.

Und du warst die ganzen vier Jahre der Zweitbeste? Ja, die ganzen Jahre.

Also der ewige Zweite. Ja, doch ich habe mich nicht gerade angestrengt, um Klassenbester zu werden.

Wie hast du reagiert? Was ist deine Erinnerung diesbezüglich? Ich erinnere ausschließlich die Langeweile.

Deine Zeugnisse, die hast du aufbewahrt, kann ich mir vorstellen. Nein, die habe ich nie aufbewahrt. Wir mussten sie zurückgeben, meine ich doch. Im Zeugnis standen keine Noten, sondern Bewertungen wie *Sehr gut, Befriedigend*. Ich schwankte immer zwischen *Sehr gut* und *Gut*.

Was waren deine Lieblingsfächer? Daran erinnere ich mich nicht mehr wirklich ...

Geschichte, vielleicht? Nein, Geschichte habe ich gehasst, immer schon. Noch heute bin ich ein Ignorant in Geschichte. Geografie interessierte mich ein wenig, ja. Ich erinnere eine Episode in der ersten oder zweiten Klasse ... ja, vielleicht in der zweiten. Es hieß, ich sollte sechs kleine Gedanken über die Sonne schreiben. Also schrieb ich diese sechs Gedanken kondensiert in einem einzigen, der lautete: »Die Sonne gibt Licht, wärmt, die Sonne ist das hellste Gestirn am Himmel«, an den Rest erinnere ich mich nicht. Und die Lehrerin hat mich darauf hingewiesen, dass *kleiner Gedanke* Satz bedeute, und insofern hatte ich nur einen einzigen geschrieben. Ich wurde dazu verdonnert, noch weitere fünf *Gedanken* zu schreiben, womit ich mich sehr schwertat.

Ökonomie des Wortes ... Ich erinnere noch die Schwierigkeiten, die mir die Kommata bereiteten, denn ich versuchte, sie so zu schreiben, wie sie in den Büchern gedruckt sind, das heißt einen kleinen Punkt mit einem Schwänzchen daran, so dass am Ende meiner Bemühungen um eine exakte Nachahmung nur Riesenkommata herausgekommen sind. Ich konnte schon lesen, das hatte ich vor der Einschulung gelernt.

Vielleicht rührte dein Gelangweiltsein auch daher. Ja, ich konnte bereits lesen, weil meine Mutter, mein Vater es mir beigebracht hatten. Ich hatte den Eifer entwickelt, der nicht auf Gegenliebe stieß, wiederum alles meiner Schwester beizubringen, die sich keinen Deut darum scherte, es bedeutete ihr rein gar nichts. Sie war wesentlich sportlicher und viel lebhafter als ich und hörte nur sehr gelangweilt zu. Nein, sie hörte mir gar nicht zu, sie äffte mich nach.

Was hat deine Schwester später gemacht? Auch sie hat das Gymnasium besucht, aber in der Oberstufe sorgten die Rassengesetze dafür, dass ihre Schullaufbahn unterbrochen wurde. Sie hat die Schulzeit dann am jüdischen Gymnasium beendet und nach dem Krieg hat sie in Literaturwissenschaften und Kunstgeschichte ihren Universitätsabschluss gemacht.

Hat sie dann unterrichtet? Nein, sie hat nie unterrichtet. Sie hatte eine Anstellung bei Olivetti und hat die ganze Laufbahn dort durchschritten.

Ich wollte nochmals kurz auf eure Haushälterin zu sprechen kommen, von der wir, von anderen Themen gepackt, abgekommen waren. Du sagtest, sie war eine liebenswerte

Person. Sie war eine sehr fromme Frau. Ein oder zwei Jahre habe ich mit ihr im selben Zimmer geschlafen.

Erinnerst du noch, wie sie hieß? Silvia Meneghelli.

War sie aus Turin? Nein, sie stammte aus Fiorenzuola d'Arda[21]. Sie verehrte die Heilige Rita, ja sie hatte aktiv an der Errichtung des Sanktuariums der Heiligen Rita (in ihrer Heimatstadt, d. Ü.) mitgewirkt, sie leistete ihren kleinen, aber bescheidenen Beitrag für diese Kirche, und jeden Abend kniete sie nieder und verrichtete ihr Gebet.

Blieb sie viele Jahre bei euch? Soweit ich mich erinnere, war sie von 1924 bis mindestens 1934 bei uns, also gut zehn Jahre.

Nach ihrer Zeit, hattet ihr da weitere Bedienstete? Nachdem mein Vater an einem Tumor erkrankt war, musste er operiert werden, und wir waren gezwungen, eine Krankenschwester in Halbanstellung zu beschäftigen, und Silvia Meneghelli wurde entlassen. Wir nahmen eine andere Hilfe, die sich ein bisschen um alles kümmerte und, solange sie konnte, nach uns schaute.

Aber in jedem Fall war sie kein Ersatz für die andere. Diese Frau stammte aus dem Veneto und war sehr temperamentvoll.

War die Meneghelli älter, jünger? Mir kam sie steinalt vor, sie wird fünfundfünfzig, sechzig Jahre alt gewesen sein.

Ihre Nachfolgerin war jünger? Ja, sie war jünger.

Wollen wir noch ein wenig den roten Faden deiner Grundschulzeit aufnehmen? Ich nehme an, ihr wart viele Schüler in der Klasse? Wir waren fünfunddreißig.

Du sprachst von deiner Abneigung gegen das Fach Geschichte. Wie war es mit Rechnen? Das gefiel mir ziemlich gut. Ich spielte mit den Zahlen, ganz alleine. Ich hatte herausgefunden, dass eine beliebig lange Zahl, addiert mit ihrer Umkehrung, immer eine durch Neun teilbare Zahl ergibt, aber ich hatte nicht versucht, den Beweis dafür zu erbringen.

Darauf warst du einfach so, rein intuitiv gestoßen? Im Spiel, kreuz und quer herumprobierend.

Du machtest also Zahlenspiele. Ja.

Und wie stand es um die naturwissenschaftlichen Fächer? Die wurden ausgesetzt, wir bekamen keinen Unterricht. Sie interessierten mich, aber sie standen nicht auf dem Lehrplan.

Hast du bei dir irgendeine Form von Frühreife festgestellt oder kamst du dir vor wie die anderen Kinder auch? Nein, ich war der Schmalbrüstigste, der Kleinste von allen, abgesehen davon, dass ich der ewig Zweite war, war ich auch der Kleinwüchsigste. Und bei Gymnastik war ich deshalb immer der erste in der Reihe, was ich als demütigend empfand.

Diskriminierungen, die mit deinem Judentum zu tun hatten, gab es aber nicht, sagtest du. Es war nichts zu merken, ich erinnere mich an keinen Vorfall.

Hingegen verspürtest du aufgrund deiner Statur ein Anderssein. Ja, und darunter habe ich lange gelitten.

Hast du dich so erlebt oder erinnerst du jemanden, der dir das unter die Nase gerieben hat? In der Unterstufe des Gymnasiums ja, in der Grundschule nicht, denn da gab es auch Schüler aus richtig armen Verhältnissen. Da war ein rachitischer Junge, arme Leute eben. In den ersten Klassen des Gymnasiums, da ja, da hat es mir schwer zu schaffen gemacht, ein so zartes Bürschchen zu sein.

Zuvor hast du gesagt, dass du mit Zahlen spieltest. Auch mit Wörtern? Auch.

Thema Bücher: Erinnerst du dich an irgendein besonderes Vorkommnis, an Magazine, an Comics? Comics gab es seinerzeit noch nicht, es gab den *Corriere dei Piccoli*[22], seine Lektüre war beinahe Pflicht. In jedem Haushalt gab es ihn, und ich las ihn mit Vergnügen von der ersten bis zur letzten Seite. Was die Grundschule angeht, erinnere ich mich, dass es mich eine gewisse Anstrengung gekostet hat, die fünfte Klasse zu überspringen, und doch war das mein Glück gewesen, denn hätte ich sie nicht übersprungen, wäre ich wegen der Rassengesetze außen vor gewesen.

Aber die fünfte hast du aus Langeweile oder aus einem anderen Grund übersprungen? Nein, mein Vater und meine Mutter hatten das so entschieden.

Folglich hast du sozusagen als Externer in der Rignon deine Prüfung abgelegt und bist dann aufs Gymnasium

gewechselt? Ja, ich bin aufs D'Azeglio gegangen. Aber wie ich dir bereits sagte, die Sexta habe ich als Privatschüler gemacht.

Sicher doch, mit Marisa Zini, die dich unterrichtet hat. Doch Stichwort Gymnasium, da sind wir bereits in einer anderen Zeit. Verweilen wir noch ein wenig in deiner Kindheit, beim Thema Kinder- und Jugendlektüre. Das Buch *Cuore*, hast du das gelesen? Das Buch *Cuore* erhielt ich als Preisgeschenk, ich weiß nicht mehr in welcher Klasse, jedenfalls, es war ein Preis für die Besten. Auf mich hat es keinen besonderen Eindruck gemacht, es berührte mich nicht, besaß für mich nur eine geringe Glaubwürdigkeit, konnte mein Herz nicht erobern.

Du warst ein Kind, das Rührung überkommen konnte, oder nicht? Ich war ein sehr sensibles Kind. Ich erinnere mich noch an eine Episode, wo ich Rotz und Wasser heulte, als man nämlich in den Zeitungen vom Ende Nobiles am Nordpol las. Die Geschichte eines Unterseeboots[23], das mitsamt seiner Besatzung versenkt worden war, die Männer, die gegen die Bootswand hämmerten, und es nicht gelang, sie zu retten. Das hat mich schrecklich mitgenommen, mich zum Weinen gebracht. Skelette machten mir große Angst, ich empfand geradezu körperliche Abscheu gegenüber Büchern, in denen Totenschädel abgebildet waren.

Andere Bücher, an die du dich aus deiner Kindheit erinnerst? Ich erinnere mich noch an die Titel. So erinnere ich *Flik o tre mesi in un circo* [Flic oder drei Monate in einem Zirkus].[24] Dieses Buch habe ich noch vor meiner Schulzeit gelesen. Meinen Spaß hatte ich auch bei der Lektüre von *Pinocchio*.

Hast du viel oder eher wenig gelesen? Ich las immer, ich hatte immer ein Buch, das mein Vater mir besorgte.

Machen wir einen kleinen Sprung, du sagtest, per Hausgeburt hier zur Welt gekommen zu sein. Ich habe eine kuriose Erinnerung, die vermutlich mit der Geburt meiner Schwester zusammenhängt, folglich muss ich eineinhalb Jahre alt gewesen sein. Ich erinnere da ein gewisses Durcheinander, und wie mich jemand auf seinen Armen durchs Haus trug, mich in die Höhe hob und wieder herabließ, und dabei hatte ich die Tapete vor Augen und sah, wie ihr Muster in Bewegung geriet. Meine Mutter war nie krank, und wenn meine Mutter im Bett war, dann höchstwahrscheinlich wegen der Geburt.

Da ihr eine so weitverzweigte Verwandtschaftsclique wart, versammelten sich die Verwandten oft bei euch zu Hause, pflegten Umgang miteinander? Ja, es war eine große Familie. Die Brüder und Schwestern meiner Mutter kamen oft zu uns zu Besuch, und wir wiederum gingen zu ihnen nach Hause. Es war Usus, dass sich alle Enkel am Sonntag im Haus meiner Großeltern mütterlicherseits einfanden, mittlerweile war unsere Zahl auf elf angestiegen. Der Onkel, der mit dem Kino, hatte einen lokalen Kinematographen organisiert und führte dann im Korridor für uns Filme vor, die er, ich weiß nicht wo, ausgeliehen hat; anschließend begleitete er uns mit dem Auto, manche Male auch mit der Kutsche nach Hause. Aber es war nur einen Kilometer weit von uns entfernt, also was die Fahrt angeht, war es nichts Besonderes.

Aber geschah das nicht alles in der Via Po? Nein, in der Via Po war die Wohnung meiner Großeltern väterlicherseits. Die anderen Großeltern wohnten am Corso Vittorio Emanuele,

Ecke Corso Re Umberto. Sie begleiteten uns mit dem Automobil nach Hause, und es war immer ein Kampf, wir wollten immer die letzten sein, die abgesetzt wurden. So dauerte die Fahrt länger.

Eure Wohnung, die hatte dein Vater erworben? Nein, er war nicht der Eigentümer. Die Wohnung war die Mitgift meiner Mutter, ein Hochzeitsgeschenk, eben ihre Mitgift.

Hier war ringsum alles grün? Ja, fast alles hier war Grünfläche. In der Nähe befand sich die Villa Rignon. Ich erinnere mich noch undeutlich, dass wir knapp hinterm Krankenhaus Mauriziano die vorbeifahrenden Züge beobachteten, es gab da eine Bahnschranke.

Was glaubst du, welche Art von Erinnerungsvermögen hast du? Ein visuelles, ein klangliches? Ein Erinnerungsvermögen ohne spezifische Ausrichtung; teilweise visuell, zum anderen erinnere ich Gesagtes, Dinge, die ich gehört habe. Die *tata*, das Kindermädchen, die sagte: »Fass die Ranunkel nicht an, sonst fallen dir die Fingernägel aus.« Und dass man von Kartoffeln Rückenschmerzen kriegt. Weißt du warum? Es ist ein Wortspiel: Man kriegt Rückenschmerzen, weil man sich bücken muss, um sie aufzulesen.

Dann schauen wir doch mal, ob wir noch eine Erinnerung finden. Da sind die ersten Jahre im Gymnasium, wenn die dich interessieren.

Aber sicher doch. Ich war zehn, elf Jahre alt, sammelte Briefmarken, hatte Spielkameraden ...

Also inzwischen bist du auf dem Gymnasium, nach dem Jahr, in dem du Privatunterricht hattest. Ja. Ich hatte eine Lehrerin in der Sexta, vielmehr in der Quinta und in der Quarta, denn die erste habe ich ja tatsächlich nicht in der Schule gemacht. Die war intelligent, aber bösartig.

Wir sind jetzt im ersten Triennium des Gymnasiums, wie es damals war, also in dem Alter, das heute der Mittelschule entspricht. Damals gab es die *inferiore* und die *superiore* Unterstufe des Gymnasiums, es waren drei plus zwei Jahre.[25]

Also sprechen wir jetzt von der Unterstufe. Ja. Ich hatte eine intelligente Lehrerin, und ich sage nicht, dass sie bösartig war, aber maliziös. Es war eine recht junge Frau, die mich ins Visier genommen hatte. Ich erinnere mich, dass sie mir, da ich in der Unterstufe sehr gut und diesmal um Längen der Beste war, gesagt hatte: »In diesem Klassenzimmer werden sie einst eine Gedenktafel aufstellen: Hier war Primo Levi Schüler«, und diese Worte hinterließen einen recht kuriosen Eindruck.

Wie hieß diese Lehrerin? Maria Borgogno.

Ah, ich weiß, wer das ist, sie heißt Anna Borgogno. Also vielleicht Anna ...

Sie lebt in Rom, hat einen Roman mit dem Titel *La città perduta* [Die verlorene Stadt] geschrieben, den ich rezensiert habe, sie war die Nichte von Vittorio Actis (Amilcare Solferini); sie schilderte ihre Kindheit, die Zeit des Faschismus, die Schwierigkeiten, die sie als demokratische und nicht fügsame Lehrerin hatte. Stimmt, Faschistin war sie nicht. Jedenfalls hatte sie mich auf dem Kieker. Sie hatte mich absichtlich neben den Dümmsten der Klasse gesetzt, ich weiß nicht aus welchem Grund.

Gewiss, soweit sich das aus ihrem Roman ersehen lässt, war sie keine Frau, die zu Gefühlsduseleien neigte. Sie hatte mir nach dem Erscheinen von *Ist das ein Mensch?* einen Brief geschrieben, ob ich denn dieser Primo Levi, ihr einstiger Schüler, sei, der Aufsätze in winziger, kaum entzifferbarer Schrift verfasste, und ich habe ihr geantwortet, ja, genau der bin ich. Doch ich glaube, diesen Brief habe ich verloren.

Auf alle Fälle ist sie nach Rom umgezogen. Ja, sie war in Rom und arbeitete als Bibliothekarin, ich weiß nicht wo. Vielleicht ist sie Anna Borgogno ...

Ja, sie ist Anna Borgogno. Sie hatte mich auf die Bank neben den Dümmsten der Klasse gesetzt, um zu sehen, was geschehen würde. Ihr gefiel es, diese Experimente zu machen. Und da es eine gemischte Klasse war, setzte sie mich auch neben Mädchen, um zu sehen, was passierte. Derlei Experimente machte sie ...

Und was geschah? Nichts. Ich war über die Maßen schüchtern, ich zog mich in mein Schneckenhaus zurück, lief rot an. An eine Episode kann ich mich noch gut erinnern. Es war die Rede von Geiz, von einer geizigen Person ... einer aus den hinteren Reihen hat dann gesagt: »Mit anderen Worten, ein Jude«, und die Borgogno hatte heftig, voller Entrüstung reagiert und zu ihm gesagt: »Solche Dinge sagt man nicht.«

Was unterrichtete sie? Sie unterrichtete Italienisch, Latein, Geschichte und Geografie.

Andere Lehrer? Ich hatte einen sterbenslangweiligen Mathematiklehrer, der keine Ahnung vom Unterrichten hatte, er war wirklich nicht besonders tüchtig. Ich war gut in Latein, Latein gefiel mir sehr. Ich war ein »grammaticus«, die lateinische Grammatik weckte mein Interesse, schon damals interessierte ich mich für die Etymologie italienischer Wörter. Ich hatte mir ein etymologisches Wörterbuch schenken lassen. Nun, so lange es sich um Aufsätze handelte, die der freien Fantasie entsprangen, also kreativer Natur waren, war ich gut; schlechte Aufsätze aber habe ich geschrieben, wenn es um Kritiken, etwa um die Auslegung von Gedichten ging. Dichtung interessierte mich absolut nicht. Sie haben mir die Werke von Carducci, von Pascoli eingetrichtert, wie es nun mal so geschieht. Sie sind mir im Gedächtnis haften geblieben, aber ich fand kein Gefallen an ihnen.

Hingegen beim kreativen Aufsatz ... Darin war ich gut, ich habe lustige Aufsätze verfasst.

Hast du irgendetwas aus jener Zeit aufbewahrt? Nein, nichts.

Irgendein Photo? Es existieren einige wenige Aufnahmen. Ich muss sagen nun ja, da fällt mir ein Buch ein, das mich schwer beeindruckt hat. Ich hatte Jerome K. Jeromes *Drei Männer auf Bummelfahrt*, dann auch *Drei Mann in einem Boot*[26] gelesen, und ich versuchte unbewusst, es ihm im Schreiben gleichzutun.

Hast du seinen Humor imitiert? Ja, unbewusst versuchte ich, den nachzumachen.

Und ist es dir gelungen? Nun, ja, für die Aufsätze in der Quinta und Quarta habe ich die Bestnoten bekommen. In der Untertertia und Obertertia hingegen, als es um Schularbeiten über Manzoni oder Ariost ging, war das weniger mein Ding.

Um nochmals auf deine Lehrer zurückzukommen, erinnerst du dich an den Namen des Mathematiklehrers? Ja, er hieß Pandolfi.

Erinnerst du dich auch an seinen Vornamen? Nein.

Gibt es sonst noch eine Anmerkung zur Borgogno?[27] Meine Schulkameraden, die in ihrer Entwicklung weiter waren als ich, sprachen von der Borgogno in anzüglichem Ton. Sie machte Anspielungen, sie war nicht so unschuldig, wie sie immer tat. Gewiss, sie war eine intelligente Frau.

Italienisch, Mathematik, Altgriechisch noch nicht. Und wie war es mit Leibesübungen? Leibesübungen waren damals ein Monopol des faschistischen Regimes.

Aber es war Unterrichtsfach. Ja, der Lehrer für Leibesübungen war ein faschistischer Bonze, aber im Grunde ein armes Würstchen und schon alt und war selbst nicht in der Lage, zu turnen. Er ließ uns marschieren, rennen, springen. Ich war schwächlich, aber ziemlich agil.

Andere Fächer? Zeichnen? Wir hatten kein Zeichnen. Es gab technisches Zeichen. Künstlerisches Zeichnen habe ich nie gelernt.

Nicht einmal die Zeugnisse des Gymnasiums hast du aufbewahrt? Nein, nichts, rein gar nichts.

Du warst kein guter Hüter deiner Sachen? Nein, aber vor allem, du weißt ja, da kam der Krieg dazwischen, wer weiß schon, wie viele Dinge da verloren gegangen sind.

Auch weil ihr euch dann allesamt habt verstecken müssen. Ich wurde interniert, meine Mutter war gezwungen, sich zu verstecken, sie hat ihre Sachen auf die Häuser christlicher Freunde verteilt, welche sie ihr zum Teil zurückgegeben, zum Teil einbehalten haben, die Bücher waren über viele Orte verteilt.

Deshalb hast du heute auch deine Kinderbücher nicht mehr. Mit Ausnahme von einigen wenigen.

Einige hast du also noch? Ja, einige habe ich noch, so rund zwanzig habe ich behalten. Siehst du dort, ganz oben links, die Reihe mit den gebundenen Büchern? Da standen die Bücher meines Vaters, und ich habe keine Ahnung, welches Ende sie genommen haben.

Bei all den Büchern, die dein Vater las, muss er doch eine schöne Bibliothek gehabt haben. Eine schöne Bibliothek, ja gewiss.

Die verloren gegangen ist. Zu neun Zehnteln ging sie verloren.

Beklagst du diesen Verlust nicht? Hm, auch die erhalten gebliebenen Bücher sind alle zerfleddert, sie haben Regen abbekommen, es sind nur mehr Erinnerungen, Gedenkstücke.

Hast du noch Erinnerungen an deine Schulkameraden aus der Unterstufe des Gymnasiums? Eine war Fernanda Pivano.[28]

Klassenkameraden, mit denen du eine feste Clique bildetest? Nicht mit Fernanda Pivano jedenfalls, sie tat immer sehr wichtig, sie war älter als ich.

Die Pivano war eingebildet? Sie war nicht nur hochnäsig. Sie war schon, wie man so schön sagt, entwickelt und ich nicht. Sie war meine Klassenkameradin während der gesamten Unterstufe des Gymnasiums, also vier Jahre lang, fünf weniger eins. Nein, wir hatten nie ein enges Verhältnis zur Pivano. Die anderen Kameraden habe ich nach und nach aus den Augen verloren, hin und wieder läuft mir jemand von ihnen über den Weg.

Einen Freund, mit dem du dich vertraulicher ausgetauscht hast, mehr Zeit, die Nachmittage verbracht hast? Doch ja, einen solchen habe ich gehabt, wir werden noch auf ihn zu sprechen kommen, ein schlimmes Schicksal hat ihn getroffen. Unsere Freundschaft geht auf die ersten Jahre am Gymnasium zurück, er war in meiner Parallelklasse, auch er Jude. Wir wurden Freunde und haben viele Sachen gemeinsam unternommen. Jetzt hat ihn eine Geisteskrankheit heimgesucht, eine sehr traurige Geschichte.

Deine Freizeit, wie hast du die verbracht? War es schon zur Gewohnheit geworden, in die Berge zu gehen? Die Berge waren längst vertrautes Terrain, in der Unterstufe des Gymnasiums auf alle Fälle, also allesamt gingen wir in die Berge, nur mein Vater nicht.

Er traf dann abends ein ... Mein Vater, nein, der hatte etwas gegen das Wandern, aber meine Mutter, die ließ uns lange Spaziergänge machen, sie liebte die Berge. Das waren kleinere Ausflüge, wir nahmen ein Bad im Angrogna in der Nähe von Torre Pellice und zogen dann über die Felder und Weiden. Meine Mutter besitzt ein gewisses Talent für die Pflanzenbestimmung; sie brachte uns die Namen der Pflanzen bei. Vor allem aber war da meine Schwester, ich hatte eine sehr enge Beziehung zu meiner Schwester. Ich machte meine Spielchen mit den Ameisen, das heißt, ich wollte sehen, ohne jedoch je eine zu töten, wie eine Ameise in Schwierigkeiten es schaffte, diese zu bewältigen. Ich legte Hindernisse auf den Weg, ein Blatt mit einem Loch über eine Ameise, so dass die Ameise gezwungen war, durch das Loch und auf das Blatt zu krabbeln; dann legte ich das Blatt mit einem Stöckchen aufs Wasser in eine Wanne, um zu sehen, ob es der Ameise gelang, das Stöckchen wiederzufinden. Ich züchtete Kaulquappen, das habe ich bereits erzählt ...

Du führtest kleine Experimente durch, bedientest dich der experimentellen Methode. Nein, aber ich hatte sehr früh schon Darwin gelesen, ich könnte jetzt nicht genau sagen, wann. Ich habe die Ausgabe noch, vielleicht habe ich Darwin mit fünfzehn, sechzehn gelesen.

Auf diese Weise hast du beobachtet, wie eine Selektion zustande kommen könnte. Ja, Darwin hat mich schwer beeindruckt. Vor allem das Bezwingende in seiner Argumentation.

Jetzt sind wir jedoch praktisch schon in der Zeit der ersten Oberstufenklasse. Ja.

Und die Pivano, hast du sie je wiedergesehen? Ja, ich habe sie gesehen, als ich mal zu einem ihrer Vorträge gegangen bin, und mich dabei auch zu erkennen gab. Kürzlich erst hat sie mir einen Gruß bestellt.

Sie hat einen Roman geschrieben. Ja, sie hat einen Roman geschrieben, aber ich habe ihn nicht gelesen.

Nochmals die Gymnasiallehrer. In der Unterstufe, hattest du da immer dieselben Lehrer? Die Borgogno hatte ich in der Quinta und in der Quarta, dann ab der Untertertia hatte ich einen sehr unsympathischen Lehrer namens Taverna, an seinen Vornamen erinnere ich mich nicht mehr. Er war sehr streng, sein Unterricht war schlecht, die Schüler lagen ihm nicht am Herzen. Er war sehr grob, ich habe nur schlechte Erinnerungen an ihn. Ich erinnere mich, dass wir, meine Schulkameraden und ich, uns die grausamsten Qualen ausdachten, mit denen wir ihn für sein unsensibles Verhalten bestrafen wollten. Er unterrichtete Italienisch, Latein, Griechisch, Geschichte und Geografie.

Hast du beim Übergang von der Quarta in die Untertertia gelitten? Hm, ja, wegen der Borgogno schon, auch weil sie eine Frau war, und der nächste Lehrer war ein Mann, es war schon ein wenig wie den mütterlichen Busen verlassen, wie auch immer. Dann setzte bei mir eine schwierige Phase ein: Meine Schulkameraden begannen sich für Mädchen und für Sex zu interessieren, ich nicht. In dieser Hinsicht war ich stark zurückgeblieben, ich fühlte mich mächtig gehemmt, sehr zurückgeblieben. Ich hatte ein bizarres Gelübde abgelegt, im Sinne Darwins hatte ich mir gesagt: Die Sache ist folgende, entweder ich bin für die Fortpflanzung geschaffen oder ich bin es nicht. Wenn ich es nicht bin, dann eben nicht, dann will ich dem in keiner Weise Abhilfe schaffen. Wenn ich es aber bin, dann wird es sich von selbst entwickeln, von selbst herauskommen, sich von selbst zeigen.

Das scheint mir die Überlegung eines reifen Menschen zu sein. Ich muss sagen, damals begann dieser schmerzhafte Zeitabschnitt, der bis einschließlich Auschwitz gedauert hat, erst danach zu Ende war. Das heißt, ich habe das Leben eines Verklemmten geführt, weswegen ich schrecklich gelitten und eben versucht habe, durch die Berge einen Ausgleich zu finden, und ich tat das auf waghalsige Weise, mit Extremsport, Rennen, Radfahren, all diesen Dingen. Aber meine Schulkameraden lachten mich aus, sie spürten, dass ich anders war.

Du empfandst nicht dasselbe Begehren wie sie, das triebhafte Verlangen, das sie hatten. Sie sprachen von nichts anderem, sie erzählten sich schmutzige Geschichtchen, und meine Sexualerziehung vollzog sich eben durch solche Schmutzgeschichten und anhand von Freud.

Was heißt das? Mein Vater hatte mir Bücher von Mantegazza[29] und von Freud besorgt, er hat sich absolut nicht darum gekümmert, mir in dieser Zeit zu helfen, mir irgendwie entgegenzukommen.

Was bedeutet: Schau wie du klarkommst. Mehr noch, er hat mich ausgelacht. Er, der ein völlig anderes Leben gelebt hatte, sagte zu mir: »Wie lange willst du eigentlich noch warten, bis du dir eine Freundin suchst?«

Womit er wahrlich wenig Zartgefühl bewies. Meine Schwester hatte angefangen, mit den jungen Männern zu flirten ...

Montag, 26. Januar

Das letzte Mal sind wir in unserem Gespräch bis zu den ersten Klassen des Gymnasiums gekommen. Wollen wir nun über deine Zeit in der Oberstufe sprechen? Schüler des D'Azeglio zu sein, war seinerzeit ein Privileg, denn das D'Azeglio hatte nicht nur als humanistisches Gymnasium einen guten Ruf, sondern insgeheim auch den, eine antifaschistisch ausgerichtete Oberschule zu sein. In der Tat jedoch hatte zu meiner Schulzeit bereits eine große Säuberung stattgefunden, und von den erklärt antifaschistischen Lehrern war nicht einer übriggeblieben.

Von welchen Jahren sprichst du? Das waren die Jahre 1934, 1935, 1936.

Du hast von deiner Generation als von einer ohne Vorbilder gesprochen. Ohne direkte Leitfiguren, ja. Besser gesagt, Leitfiguren, die gab es schon. Da war etwa Umberto Cosmo[30], Lehrer am D'Azeglio, jedoch zum Schweigen verurteilt. Er war ein altehrwürdiger Herr, doch schüchtern, und ganz klar, man wollte ihn in die Pfanne hauen. Es gab das Vermächtnis von Zino Zini, es gab das von Pavese, von Antonicelli und natürlich das Vermächtnis von Monti.[31] Doch die sind nicht bis zu mir vorgedrungen, keiner sprach darüber, wer etwas wusste, blieb stumm.

Dinge, die du später begriffen hast? Viel wurde hinter vorgehaltener Hand geredet, was ich nicht verstanden habe. Auch weil ich kein Antifaschist, aber auch kein Faschist war. Ich war ein Bürgersöhnchen, Spross einer Bürgerfamilie. Mein Vater war in Sachen Politik ein besonnener Mensch, er hatte die ungarische Revolution miterlebt, und der erlittene Schock hatte ihn dahin gebracht, dem Kommunismus sowie ganz allgemein der Revolution und der Erneuerung gänzlich abhold zu sein. Auch der Faschismus behagte ihm nicht, er war im Wesentlichen ein Liberaler, aber er machte den Mund nicht auf und hatte keinerlei Einfluss auf meine politische Bildung.

Also bei dir zu Hause sprach man nicht über Politik. Nein, mein Vater fluchte, wenn es wieder so weit war, dass er das Schwarzhemd anziehen musste. Er hatte den einfachsten Weg gewählt, er war in die Partei eingetreten und musste, ob er wollte oder nicht, wählen gehen, denn er besaß das Parteibuch, und du weißt ja, wie die Dinge so liefen ... also, er war angewidert vom Faschismus, aber einen Antifaschisten konnte er sich nicht nennen.

Vielmehr einen Unzufriedenen. Das ja.

Und du also bist zur Schule gegangen ... Ich habe ganz regulär die Schule besucht, ich habe mich vorschriftsgemäß bei der faschistischen Jugendorganisation *Balilla*, anschließend bei der paramilitärischen, den *Avanguardisti* eingeschrieben, auch ich war sehr unglücklich damit, denn das Marschieren im Paradeschritt missfiel mir völlig, nichts Positives war dabei. Die faschistische Doktrin besaß jedoch, das will ich nicht leugnen, einen gewissen *Appeal*. Diese als vitale Kraft, als lebendiger Elan inszenierte, idealisierte Version des Faschismus übte durchaus eine gewisse Anziehungskraft aus. Nicht so, dass sie mich zum aktiven Faschisten gemacht hätte, aber doch so weit, dass ich seelenruhig beispielsweise den Äthiopien-Krieg geschluckt habe. Ich hatte die Landkarte Äthiopiens mit den kleinen Flaggen bestückt. Wie die Mehrzahl der Italiener glaubte auch ich daran.

Das war der absolute Höhepunkt des Mythos. Ja, und dieser Höhepunkt des faschistischen Mythos ist kurz darauf in sich zusammengestürzt.

Es gab einen beachtlichen Konsens in der Bevölkerung. Ich war damals fünfzehn Jahre alt.

Das verstehe ich sehr wohl. Ich spreche vom Konsens der Erwachsenen. Etwas, das in Spanien nicht mehr funktioniert hat. In der darauffolgenden Spanien-Kampagne war sofort zu erkennen, dass der Volkskonsens fehlte. Der Spanien-Krieg war ein überaus blutiger, Tote auf beiden Seiten, Italiener kämpften auf beiden Seiten, und die Sache wurde publik.

Umgeben von all dieser Ideologie der Kraftmeierei, wie hast du dich dabei gefühlt, du hast dich selbst ja als schüchterne Person beschrieben, die sich nicht in ihrem Element befand? Ich empfand mich als schüchtern, als fehl am Platz, nicht wie ein Faschist. Überdies waren meine Lehrer keine Antifaschisten, aber auch keine Faschisten – mit Ausnahme eines armen Teufels, fast ein Verrückter, ein Philosophielehrer, der sich so dumm anstellte, dass er sich selbst und den Faschismus, den er predigte, lächerlich machte. In Italienisch hatten wir Unterricht bei Azelia Arici[32], von der wohlbekannt ist, dass sie keine Faschistin war, zwar ein paar Mal eingeknickt war, doch sie hielt sich an einen im Wesentlichen anständigen Lehrplan, der sich auf die Klassiker stützte, einige schwache, heimliche Verneigungen vor dem Vermächtnis ihrer Vorgänger. Insgeheim.

Und die anderen Lehrer, erinnerst du dich noch an sie? Ja, gewiss. Da war Coccolo[33], Lehrer für Altgriechisch und Latein,

ein hervorragender Latinist und Gräzist. Er war Priester, es gibt da so eine Figur in deinem Buch, *Viaggio nella città*.[34] Leider war er eine etwas lächerliche Gestalt, denn er trank viel. Er war hochkultiviert, aber er gab dem einen zutiefst lächerlichen Ausdruck. Bereits sein Äußeres mutete lächerlich an; er war ein Zwerg, rotwangig, blaue Kulleraugen und sprach in einem schrecklich piemontesischen Tonfall, zuweilen rutschte es ihm heraus und er verfiel sogar ins Piemontesische. Ich erinnere mich, wie jemand ihn einmal störte, und er platzte heraus: *Chi ch'a l'é ch'a romp le bale?*[35] Daraufhin hat er sich vor allen entschuldigt und gesagt: »Ich war gezwungen, ein nicht besonders anständiges Wort zu verwenden.« So war er eben gestrickt, eine achtenswerte, zugleich lächerliche Figur.

Und Don Coccolo hat euch in den drei Jahren der Oberstufe Griechisch und Latein beigebracht? Ja, im ersten, zweiten und dritten.

Also gab es keinen Lehrerwechsel in den drei Jahren? Nein.

Azelia Arici hat euch drei Jahre lang in Italienisch unterrichtet? Ja.

Und in Mathe? Maria Mascalchi. Sie war eine tüchtige Person, zwar keine große Mathematikerin, doch sie besaß ein gewisses didaktisches Talent. Sie war objektiv, beging keine frappanten Ungerechtigkeiten, sie verstand etwas von ihrem Fach und war eine anständige Person.

In Philosophie und Geschichte? Darin hatten wir ein Jahr lang Unterricht bei Pietro Eusebietti, einem gebildeten Aristoteliker. Er hatte Aristoteles ins Italienische übersetzt, aber meine

Erinnerung an ihn ist die an einen Fremden, es gab keinen näheren Kontakt zwischen uns. Hin und wieder ein Lachen, aber etwas Persönlicheres war undenkbar. Überdies muss man auch in Betracht ziehen, dass wir eine Riesenklasse mit einundvierzig Schülern waren, alles Jungs, obendrein vorwiegend Flegel, mit einem Wort, schwierig zu bändigen. Auch der Lehrer hatte eine solche Klasse nicht im Griff. Für die folgenden zwei Jahre kam ein Lehrer namens Gerbaz, aus dem Aosta-Tal. Er war einer jener Lehrer, die sich aus eigenem Verschulden in jeder Situation lächerlich machten. Er beging nicht nur Aussprachefehler, sondern auch solche im Gedankengang. Ich weiß nicht, wie er ein solches Amt ... in der Tat war dann die Rede von seiner Einlieferung in eine Klinik. Sein Unterricht jedenfalls war wertlos.

Welche Fächer bleiben noch übrig? Naturwissenschaften, wo wir Unterricht bei einem älteren Fräulein namens Pangella hatten; mit ihr lag ich in beständigem Wettstreit, denn von Chemie hatte ich mehr Ahnung als sie: Ich hatte in Chemie bereits eigene Studien betrieben, und ich stellte ihr peinliche Fragen, auf die sie nicht zu antworten wusste. Ich erinnere mich noch an gewisse bösartige Fragen meinerseits, auf die ich die richtige Antwort in petto hatte, sie mit ihrer aber falsch lag.

Unterschiedlich ausgeprägt, ist das doch die Haltung, von der du auch in Bezug auf deinen Grundschullehrer gesprochen hast. Bei all dem, was du so erzählst, wirkt das D'Azeglio auf mich nicht als jene großartige Schule, und die Anzahl vorbildlicher Lehrer scheint mir nicht besonders hoch gewesen zu sein. Die Arici. Die Arici war eine vorbildliche Lehrerin, sogar heute noch erinnere ich mich an einige ihrer Unterrichtsstunden. Sie hatte zu kämpfen mit dieser Klasse von Teufelsbraten, ein verzweifelter Kampf war das. Bei alledem muss ich ganz objektiv zugeben, war sie eine hervorragende Lehrerin. Gleichwohl gelang es ihr nicht, meine Aufmerksamkeit zu fesseln, mein Interesse ging in eine andere Richtung, es galt bereits der Chemie.

Abgesehen von den weiter zurückliegenden Zeiten, wann hat sich diese Berufung bemerkbar gemacht? Mehr oder weniger in der ersten Klasse der Oberstufe. Ich behalf mir mit den chemischen Produkten, die ich bei uns zu Hause fand, Abhandlungen über Chemie waren mir in die Hände gekommen, auch solche schenkte mir mein Vater, ich machte kleine Experimente, die für mich überraschend waren, es waren noch die alchimistischen: Der Venusbaum (Kupfer), der Zeusbaum (Zinn), der Marsbaum (Silicatgewächse), wofür ich Salze zur Kristallisation brachte.

All das jedoch ist außerhalb der Schule entstanden, ohne Anregungen seitens der Schule. Ja, genau.

Gab es einen bestimmten Grund dafür? Neugier. Mich interessierte der Sternenhimmel, mich interessierten die Tiere, ich züchtete, wie gesagt, Kaulquappen, mich interessierten die Taufliegen, einfach alles interessierte mich.

Wieso ist die Chemie das Herz aller Dinge? Mir schien sie das zu sein, ja, die Chemie war für mich genau das. Und deshalb hegte ich auch eine gewisse Aversion gegen das Fach Italienisch, es war mir so fremd. Die Arici, als Anhängerin von Giovanni Gentile, von Benedetto Croce, betrachtete die Naturwissenschaften, die Physik, die Mathematik, als reine Zusatzfächer, als Hilfsfächer, als Fächer zweiter Klasse. Diskussionen, die wir Jahre nach dem Krieg wieder aufgenommen haben, als wir Freunde wurden, und ich sie zu Hause besuchte. Sie war sehr verwundert über all das, es war eine neue Welt für sie.

Das heißt, du hast ihr die Hintergründe ihres Unterrichts offengelegt? Ja, ihren Unterricht, den ich über mich ergehen ließ. Ich schrieb schlimme Aufsätze, deswegen ... Ja, Dante gefiel mir, und insofern wusste ich auch etwas über ihn zu sagen, aber Carducci, Pascoli, D'Annunzio interessierten mich ausgesprochen wenig. Ich nahm sie hin wie ein unvermeidliches Übel. Inzwischen habe ich meine Ansichten geändert.

Also schauen wir mal. Du bist der Meinung, dass die Schulreform von Gentile bei eurer und den nachfolgenden Generationen im Wesentlichen Schaden angerichtet hat? Ich kann keinen Vergleich anstellen, aber ich würde mal behaupten, ja. Und im Übrigen hat sie Italien bestimmt um einige potenzielle Physik- und Mathematikgenies, die von Anfang an entmutigt wurden, ärmer gemacht.

Weißt du von anderen in deiner Klasse, die einen ähnlichen Werdegang hatten wie du, die sich die Dinge selbst beigebracht, die sich eine andere Schule geschaffen haben? Ja, in meiner Klasse gab es ein Genie, kein potenzielles, sondern ein leibhaftiges, und das war Ennio Artom, der Bruder von Emanuele.[36]

Ich erinnere mich an ein rührendes Porträt der Familie Artom aus der Feder von Augusto Monti. Es waren zwei Brüder und der Vater. Emanuele ließ als Partisan sein Leben. Ennio war der Jüngere, ein frühreifer junger Mann, der sehr bald schon Antifaschist war und sich rühmen konnte, mit nur vierzehn Jahren zwei Mal in die Verbannung geschickt worden zu sein. Als

Mussolinis Besuch in Turin (1932, d. Ü.) bevorstand, holte die Polizei ihn zu Hause ab und schaffte ihn nach Torre Pellice. Mit Vierzehn galt er bereits als äußerst gefährliches Element.

Ihr wart fasziniert von ihm? Er war ein sehr verschlossener Bursche, aber unbestreitbar besaß er eine Ausstrahlung, eben die Anziehungskraft dessen, der von allem sehr klare Vorstellungen hat. Schon damals war er Linguist, Freund und Schüler von Benvenuto Terracini[37] und beherrschte das Hebräische bestens. Er war der geborene Sprachwissenschaftler und hatte zugleich zu Hause einen Antifaschismus aufgesogen, der sich sehr deutlich von dem meinigen unterschied: Es war ein echter, militanter Antifaschismus. Instinktiv flößte er allen Respekt ein.

Warst du sein Freund? Ich wagte es nicht, sein Freund zu sein, ich betrachtete ihn als mir viel zu überlegen.

Hatte er Freunde in deiner Klasse? Nein, nein, er war ein Einzelgänger. Hinzu kommt, körperlich war er nicht gerade eine Augenweide: Er war ein kleinwüchsiger, hässlicher Junge, mit Brille und sehr robust. Aber er stand so sehr im Widerspruch zum virilen Männerbild, das der Faschismus den jungen Leuten von damals präsentierte, dass er sich seinerseits an einer gedämpften Atmosphäre von Privilegiertheit erfreuen konnte. Er war der Klassenbeste, der Erste per definitionem, und der Klassenbeste war nicht sonderlich beliebt.

Ist er der einzige deiner Klassenkameraden, an den du dich erinnerst? Der einzige, ja. Alle anderen waren farblose Gestalten.

Die du später nochmals gesehen hast? Einige von ihnen ja.

Gibt es irgendeine Beziehung zwischen deiner Berufung zum Chemiker und Etymologisten, also Linguisten, und der von Artom? Nun, mir gefiel die Grammatik, sowohl die griechische als auch die lateinische. Den genauen Grund wüsste ich nicht zu sagen, vermutlich, weil die Grammatik eine echte Wissenschaft war, was der Klassikerkult nicht war. Auf die Fragen nach dem Warum hatte die Schule nur schlechte Antworten parat. Mein dilettantisches Interesse für das Warum-man-etwas-so-oder-so-sagt, mein Interesse für das griechische Verb, für das Verhältnis zwischen dem griechischen, dem englischen, dem deutschen und dem lateinischen Verb existierte bereits damals, aber es war ein Interesse, das von keiner Seite gefördert wurde, ein Interesse, das ins Leere lief.

Vielleicht weil sich deine Lehrer in die Enge getrieben fühlten? Coccolo lobte mich, er nannte mich »den Grammatikus«, den Latinist. Er hatte in mir die Vorliebe für die Etymologie ausgemacht, doch der Unterricht in alten Sprachen war seinerzeit nicht wissenschaftlich, ich weiß nicht, wie das heute ist, aber wissenschaftlich war er nicht. Sie erzählten dir damals nichts über das Wieso der Dinge, beispielsweise über die offenkundigen Beziehungen zwischen dem Lateinischen und dem Altgriechischen.

Die Klassiker wurden gelesen. Die Grammatik wurde unterrichtet, als sei sie ein Geschenk Gottes, eine Erleuchtung aus himmlischen Sphären; eine Grammatik ohne Wenn und Aber, und man las die Klassiker.

Deine Berufung war jedoch eine andere. Folglich kannte ich, gegen meinen Willen, die Grammatik sehr gut, sowohl die lateinische als auch die altgriechische. Ich hatte gute Noten in Latein und Altgriechisch, bessere als in Italienisch.

Deine Leistungen? In der Oberstufe? Ich stand zwischen mittelmäßig und gut, zwischen sieben und acht. In den Naturwissenschaften hatte ich gute Noten, in Mathematik, in Italienisch waren sie im Allgemeinen mittelmäßig, es sei denn, es kam etwas vor, das meine Fantasie anregte. Ein Werdegang, der in dem Unglück gipfelte, von dem ich dir bereits erzählt habe: die Drei[38] in der schriftlichen Italienischprüfung beim Abitur.

Erinnerst du dich an irgendwelche Momente, die deine Fantasie entfachten? Ja, als ich für Ariost Feuer und Flamme war. Ariost mochte ich einfach.

Figuren in Bewegung, zuerst angenommen, dann fallengelassen, wieder angenommen, eine recht umständliche Reise. Aber sie beflügelte die Fantasie. Diese ständigen Reisen, diese unmöglichen, idyllischen, beschwerlichen Landschaften. Auch die Poetik des Ariost gefiel mir, wie im Übrigen auch die von Dante. Von Dante mochte ich das *Inferno*, das *Purgatorium* etwas weniger, an das *Paradies* habe ich keine Erinnerung mehr.

Weil deine Lehrer nicht auf der Höhe waren, auch hier? Das *Inferno* ist einfach, es ist in Technicolor.[39]

Hat es dir theologische Kenntnisse vermittelt? Auch naturwissenschaftliche.

Als du dann Dante wiedergelesen hast, hast du diese Vorlieben beibehalten? Ich habe das ganze *Purgatorium* wiedergelesen, das *Paradies* nicht. Das *Paradies* lässt mich verzagen. Ich nehme es nie zur Hand.

Hast du es dir tatsächlich nie mehr wieder vorgenommen?
Nein.

Hast du deine Zeugnisse aufbewahrt? Nein, kein einziges.

Deinen Universitätsabschluss? Den ja.

Hat dein Judentum in den Jahren der Oberstufe auf dem Gymnasium schwerer auf dir gelastet als in denen der Grundschule und der gymnasialen Unterstufe? In der Oberstufe etwas mehr, ja, denn ich hatte diese Freundschaft-Feindschaft, von der ich in *Ein langes Duell*[40] erzählt habe. Hast du das vor Augen?

Ja, dort sprichst du auch vom Wettrennen im Stadion.
Das ist eine wirklich interessante Geschichte. Dieser Freund-Feind war davon angestachelt, dass ich Jude war, und er stichelte, er provozierte mich, war neugierig. Ich habe heute noch den Gedichtband von Carducci, eine Ausgabe in Velinpapier aus dem Verlag Zanichelli, auf dessen Einband er mit Spucke das Worte *Jude* geschrieben und ihn damit natürlich verschandelt hat. Noch heute ist diese Schrift zu erkennen. Paradoxerweise fühlte ich mich von ihm aufgrund seiner überschäumenden Vitalität, seiner frühreifen Sexualität, wie ich sie nicht verspürte, angezogen. Er seinerseits saugte sich wie ein Blutegel an mir fest, damit ich ihm bei den Hausaufgaben half, und ich nahm ihn etwas unter meine Fittiche, spielte ein

wenig den Lehrer. Im Gegenzug dazu zeigte er mir die Pfade, auf denen man mit dem Fahrrad zum Sangone gelangte, er forderte mich beim Radrennen heraus. Ich habe ihn während des Krieges wiedergesehen. Er war Soldat, war in Griechenland gewesen, und ich hatte ihm ganz offen und brutal auf den Kopf zugesagt, ich hoffte, Italien werde den Krieg verlieren! Und er: »Das kann ich dir nur verzeihen, weil du Jude bist.« Dann habe ich nie wieder etwas von ihm gehört, noch ist sein Name irgendwo aufgetaucht, ich weiß nichts mehr von ihm.

Hast du nie wieder nach ihm gesucht? Ich habe gesehen, dass es einen Eintrag auf seinen Namen im Telefonbuch gibt, aber ich habe nie versucht, Kontakt aufzunehmen.

Er war, wie auch immer, ein Faschist, du hingegen nicht. Er war de facto ein Faschist, ein Anhänger des Virilen, aber er war extrem zynisch, auch dem Faschismus gegenüber. Er glaubte an nichts, er war der Prototyp eines bestimmten Typs von Italiener, für den die Körperkraft, die physische Stärke sehr viel galt. Die Doktrin zählte für ihn nichts, gewiss war er keiner von den disziplinierten Faschisten.

Mit welchem anderen Schulkameraden, von diesem abgesehen, hatte sich eine größere Vertrautheit herausgebildet? Jemand, den man vielleicht ein bisschen häufiger sah, um, was weiß ich, etwa ins Kino zu gehen? Ja, so einen Freund hatte ich. Wir gingen zusammen ins Kino, verbrachten lange Stunden damit, uns wechselseitig nach Hause zu begleiten. Ich hatte so einen Freund, ich habe ihn noch heute, ein Freund aus der Oberstufe, zu dem ich immer eine offene Freundschaftsbeziehung gepflegt habe, bis er geheiratet hat, dann nicht mehr.

Es war die Heirat, an der diese Beziehung zerbrochen ist? Weil man mit der Ehefrau nicht weiß, worüber reden. Er war lange Zeit Junggeselle gewesen, und so lange er das war, pflegten wir eine offenherzige und vollkommene Vertrautheit miteinander. Als er heiratete, war es aus mit dieser Vertrautheit.

Um zeitlich einmal vorzugreifen, auch deine Ehe hat die Dinge verändert?[41] Diese Frage kommt jetzt wirklich verfrüht. Meine Frau hat alles auf den Kopf gestellt, es war eine dramatische Angelegenheit, auch eine wunderbare.

Kehren wir zurück zum Thema Freundschaft. Wir sprachen vom Kino. Was stellte das Kino für euch dar? Das französische Kino bedeutete für uns sehr viel, es stellte etwas dar, was in Italien fehlte. Die in Italien gedrehten Filme waren farblos, anämisch.

Das Filmgenre der sogenannten »Weißen Telefone«? Mino Doro, die Denis ... Die waren nicht sehr tiefschürfend. Die französischen Filme hingegen sehr wohl. Sie erzählten das Leben so, wie es war, zumindest wie es zu sein schien, auch auf seiner tragischen Kehrseite. Ich spreche von Jean Renoir, von Jean Gabin, in *Der Tag bricht an* (Marcel Carné, d. Ü.), von *Spiel der Erinnerung* (Julien Duvivier, d. Ü.), von *Le Déserteur* (Léonide Moguy, d Ü.). Sie kamen leicht zensiert in die italienischen Kinos, doch wie auch immer, ihre Botschaft war klar. Manchmal gingen wir ins Theater, um beispielsweise Gilberto Govi zu sehen, sein Spiel vermittelte uns ein großes Gefühl der Erleichterung, der Zerstreuung. In ihm verspürten wir instinktiv etwas Authentisches.

Eine subtile Botschaft, die dem Alltäglichen entsprang.
Ja, das schaffte dieser in jeder Hinsicht mittelmäßige Mann, der sich in einer unverblümten Sprache in seinem Italo-Ligurisch ausdrückte. Dann gingen wir in die Berge, und das war wichtig. Ich bin nie ein großer Alpinist, ein großer Skiläufer gewesen, aber die Berge mussten sein. Auch das bedeutete nämlich, der seinerzeit verschlafenen Atmosphäre Turins den Rücken zuzukehren. Man kann sagen, im Winter fuhren wir fast jeden Sonntag in die Berge, zu den üblichen Orten: Bardonecchia, Sestriere, Claviere. Das Aosta-Tal war damals nicht leicht zu erreichen.

Wie gelangtet ihr dorthin? Es gab organisierte Busfahrten, die dauerten zwar vier Stunden bis nach Sestriere, trotzdem ging es unterwegs lustig zu.

Abfahrt frühmorgens ... Den Wecker auf fünf gestellt.

Und gab es da andere Freundschaften außer denen aus der Schule? Es waren vorwiegend Gruppen von Schulkameraden, andere Male fuhr man auch mit den faschistischen Organisationen, das heißt mit den sogenannten alpinen *Avanguardisti*, aber die brachten uns nichts bei, nie haben wir von ihnen das Skilaufen gelernt.

Gab es da einen Verantwortlichen? Da war ein Mann, ja, der uns hätte unterrichten sollen, aber er konnte selbst nicht Skilaufen, weshalb ich es auch nie gelernt habe.

Um auf Theater und Kino zurückzukommen, in welche Häuser bist du gegangen? In so ziemlich alle, vorwiegend die, die weniger Eintritt kosteten. Zu jener Zeit gab es Erstaufführungskinos und solche mit Zweit- und Drittaufführung. Wir warteten ab, bis die Filme in zweiter und dritter Aufführung gezeigt wurden.

Erinnerst du dich an ein bestimmtes Kino? Ja, an das Imperia, heute heißt es Arlecchino. Der Eintritt betrug eine Lira und achtzehn, also eine Lira und ein Soldo. Es gab Kinos, die achtzig Centesimi kosteten.

Gab es auch verruchte Kinos? Ja, das Porta Nuova, so hieß es, glaube ich.

Das hat bis zu meiner Zeit überlebt, das unter den Arkaden in der Via Nizza, Ecke Via Berthollet. Ja, es war bereits am Vormittag geöffnet, statt in die Schule ging man dorthin.

Hast du je den Unterricht geschwänzt? Im Gymnasium nicht, an der Universität ja.

Im Gymnasium nie, aber manche deiner Schulkameraden taten das sehr wohl. Einige ja, die mehr Mumm besaßen.

Es war aber doch kein so großer Verstoß ... Nein.

Und das Rauchen? Ich habe nach dem Krieg mit dem Rauchen angefangen.

Aber hast du nie den Wunsch verspürt, etwas Unkonventionelles auszuprobieren, etwas, was aus dir einen »Mann« machte? Mein Ausbrechen aus dem Käfig, das waren die Berge. Recht früh schon habe ich mich in waghalsige Unternehmungen in den Bergen gestürzt, während meines Studiums, nicht zu Gymnasiumzeiten. Darin bestand mein Aufbegehren.

Du hast dich dem Risiko verschrieben, die Gefahr heraufbeschworen? Ja.

Da sind wir bereits in der Zeit der Freundschaft mit Delmastro.[42] **Mir kommt er so vor, als habe er größere Umsicht walten lassen, wäre geerdeter gewesen.** Er kannte sich besser aus, aber die Gefahr, die liebte auch er.

Sandro Delmastro ist ein Freund aus den Zeiten der Universität ... Ja.

Welches Gymnasium hat er besucht? Das Alfieri.

Wie war sein Familienhintergrund? Es kam aus einer mittelständischen Familie, war Sohn eines kleinen Bauunternehmers.

Zu Hause hatte er keine Personen von besonders großer Bildung um sich. Stelltest du für ihn den Studiosus dar?
Ich stellte jemanden dar, dem es ernst war mit der Chemie.

Gab es zwischen euch keine Schattenseiten? Ah, da war Bewunderung pur! Dieser junge Bursche war so schweigsam, so wortkarg, körperlich so geschickt und seiner selbst sicher. Er hatte einen Bruder, der ihn noch übertraf, denn Sandro war vom Aussehen her recht hässlich. Der Bruder hingegen war neben all seinem Können und seiner Bravour auch eine echte Schönheit, mit einem Wort, ein Messner. Ohne angeben zu wollen, hatten sie gemeinsam denkwürdige Dinge zustande gebracht, wie die Überquerung des gesamten Gletscherbeckens im Cogne-Tal – *no break* – ohne Unterbrechungen. Sie fanden Erwähnung im Bulletin des *Club Alpino Italiano*, aber für sie war es der Sieg an sich, der zählte, sie bildeten sich absolut nichts darauf ein.

Unglaublich, dass es solche Persönlichkeiten gibt. Charaktere, wie Jack London sie erfunden haben könnte. Er erzählte mir nur sehr wenig von seinen [Unternehmungen], eben von Nachtlagern unter Schneemassen, die er freigegraben hatte, Nächte im tiefsten Winter, die sie im Freien verbracht hatten, Radfahrten bis nach Sestriere, um dann dort Ski zu laufen, legendäre Geschichten. Er hatte mich unter seine Fittiche genommen, um mir grundlegende Dinge beizubringen. Körperlich war ich ihm sehr unterlegen.

Die körperliche Unterlegenheit machtest du aber durch deine Agilität wieder wett. Agil, das war ich, und auch verbissen.

Was braucht es für die Berge? Man muss der Kälte widerstehen, Anstrengungen auf sich nehmen können.

War das die Freundschaft deines Lebens? Für viele Jahre war sie äußerst wichtig für mich, erst jetzt beginnt sie zu verblassen. Die Freundschaft war eine Gemeinschaft, in die ein bisschen alles einfloss: Vertraulichkeiten, Bergsport, Neugier aufs Leben, auch Musikkonzerte.

Wo das? Im Konservatorium? Aber wir sprachen von der Freundschaft ... Ja, die Freundschaft bedeutete mir sehr viel, und so ist es auch heute noch, die Freundschaft zwischen Männern und auch die mit Frauen.

Gehen wir der Reihe nach, also die Berge, das Kino, die Konzerte, das Theater. Nur leichte Theaterkost? Nein, nicht nur, auch Shakespeare. All das eben, was auf dem Spielplan stand.

Gingst du oft ins Theater? Nein, vier oder fünf Mal pro Jahr.
Ins Kino? Vielleicht zehn Mal im Jahr.

Dann erwähntest du die Konzerte. Ja, die Konzerte, für die ich ein Abonnement hatte.

Also warst du am häufigsten in Konzerten anzutreffen. Ja.

Das heißt, Musik besaß eine große Bedeutung für dich.
Ich habe nie ein Instrument gespielt, Musik war für mich etwas Passives, ein passiv befriedigtes Interesse, faszinierend ja, aber passiv. Mir war nie in den Sinn gekommen, Unterricht zu nehmen. Meine Familie hatte versucht, mir Klavierstunden geben zu lassen, ich war sechs, sieben Jahre alt, aber ich weinte, ich hatte keine Lust, keine Ausdauer.

Und dann hast du es nicht mehr versucht. Gilt das auch für deine Schwester? Genau das gleiche. Nicht einmal sie.

Deine Kinder? Meine Kinder sind beide außerordentlich musikalisch. Alle zwei erlernen im Handumdrehen jedwedes Instrument, sie musizieren gemeinsam, besuchen Kurse. Mein Sohn, der Physiker, verfügt auch über physische Kenntnisse der Musik. Meine Kinder sind wie geschaffen für die Musik, absolut.

Unvergessliche Konzerte? Ich könnte jetzt keines nennen.

Kommen wir nochmals auf das Thema Freundschaft zu sprechen. Nahmst du den Unterschied zwischen der Freundschaft mit einem Mann und derjenigen mit einer Frau wahr? Hier sprichst du ein sehr heikles Thema an. Ich war schüchtern, krankhaft schüchtern, weswegen ich sehr wohl Freundschaften mit Frauen hatte, aber dabei blieb es auch.

Kommen wir nochmals auf das Thema Freundschaft zu sprechen. Nahmst du den Unterschied zwischen der Freundschaft mit einem Mann und derjenigen mit einer Frau wahr? Hier sprichst du ein sehr heikles Thema an. Ich war schüchtern, krankhaft schüchtern, weswegen ich sehr wohl Freundschaften mit Frauen hatte, aber dabei blieb es auch. Verwandlung, die Überwindung der Barrikade kam für mich sehr spät, erst nach Auschwitz. Es ist ein Thema, zu dem ich mich nur mit einer gewissen Verlegenheit äußern kann, das mir Schwierigkeiten bereitet. Tatsache ist, ich war gehemmt, das lässt sich deutlich an dem erkennen, was ich geschrieben habe. Ich war total blockiert, auch aufgrund der Rassismus-Kampagnen, denn die bedeuteten eine scharfe Zäsur. Viele junge Frauen gingen in freundlich-bestimmter Manier, ohne beleidigende Absicht, auf Abstand. Ich aber suchte genau die, zu denen ich keine Beziehungen haben durfte.

Sich um die bemühen, die einen ablehnen? Ja, vielleicht, aber das überlasse ich anderen. In der Tat habe ich zahlreiche Freundschaften mit Frauen gehabt, aber keine mündete in eine Liebesbeziehung.

Auch nicht die mit deiner Kommilitonin, mit der du dich – du hast darüber auf verkappte Weise in *Das periodische System* gesprochen – über Bücher ausgetauscht hast? Nicht einmal diese. Das heißt, doch: Ich war etwas verliebt in sie, aber auf äußerst züchtige Weise.[43]

Und hast du deswegen gelitten? Ja, ich litt schrecklich deswegen, auf beängstigende Weise litt ich, denn ich sah alle meine Freunde, wie sie diese Erfahrungen durchlebten, auch sexuelle Erfahrungen machten. Und ich nicht und deswegen habe ich schrecklich gelitten, dachte sogar an Selbstmord.

Vielleicht auch, weil du Kommilitonen hattest, die ihre Trophäen allzu sehr zur Schau stellten. Sicher. Einige gingen auch ins Bordell, mit falschem Ausweis. Niemals hätte ich so etwas getan.

Gab es dauerhafte Freundschaften zu Frauen? Oh ja, da gab es zahlreiche, ja doch, recht viele. Beispielsweise war da jene junge Frau aus *Phosphor* in *Das periodische System*. Mit ihr bin ich noch heute befreundet. Aber dies jetzt ist eine Zeit, so seit zwei oder drei Jahren, da sind die Freundschaften auseinandergebrochen.[44]

Warum das? Aus mehreren Gründen. Einmal aus ganz persönlichen, Familienangelegenheiten, weshalb ich wenig aus dem Haus komme, und dann ... die einen sterben weg, andere erkranken, wieder andere verlieren das Interesse am Leben ... Es ist ein Kapitel, das aufs Ende zusteuert.

Ist das das Empfinden des eigenen Altwerdens? Ja.

Zuzusehen, wie sich deine Umwelt zersetzt? Ja, das ist sehr schmerzhaft, ein großer und irreversibler Schmerz.

Aber alles in allem siehst du dich als Siegernatur? Ich sehe mich als jemanden, der schon viele Kämpfe ausgefochten hat. Einige davon endeten in einer Niederlage, andere siegreich. Tief in mir muss eine bestimmte Kraft liegen, denn ich habe Auschwitz überlebt, und das ist ein sehr großer Kampf. Auch als Chemiker musste ich Niederlagen einstecken, recht oft aber war mir Erfolg beschieden. Dann als Schriftsteller. Beinahe wider Willen wurde ich zum Schriftsteller. Ich schlug ein neues Kapitel auf, und Stück für Stück, erst in Italien, dann im Ausland, übermannte mich der Erfolg, brachte mich gänzlich um mein Gleichgewicht. Ich fand mich im Gewand einer Person wieder, die ich nicht bin.

Der Beruf des Schriftstellers, ist er der schwierigste von allen? Der schwierigste?

Ja, das ist meine Frage. Was die Auswirkungen angeht, ist er das ohne Zweifel. Was Mühe und Zeitaufwand angeht, würde ich das nicht behaupten, meine Bücher habe ich im Allgemeinen gerne, mit leichter Feder geschrieben, ohne dabei eine Last zu verspüren.

Hat die Möglichkeit einer Niederlage, die Aussicht, es vielleicht doch nicht zu schaffen, dir nie zugesetzt? Mit einer so wenig fassbaren Materie wie dem Schreiben, wie hast du dich da zurechtgefunden? War da das Muss des Schreibens? Es tun zu müssen? Heute spüre ich diese Bürde, früher nicht. Ich war beim Schreiben meiner selbst immer ziemlich sicher, auch weil die Kritik auf meiner Seite war, weil ich die Sachen meinen Freunden zu lesen gab, die sie dann lobten, weil die Buchverkäufe gut liefen, weil der Verleger zufrieden war. Ich habe mich als Schriftsteller beinahe nie als Verlierer gefühlt, vielmehr bin ich heute noch sehr verwundert ob der Tatsache, dass ich es geschafft habe, dass ich erfolgreich war, auch ohne Haare auf den Zähnen.

Wie eine naturgegebene Sache ... Es ist ein Phänomen, das sich außerhalb meiner selbst abspielt. Ich schreibe ein Buch, und dann geht das Buch seinen Weg, hebt ab, folgt komplizierten, verschlungenen Bahnen. *Ist das ein Mensch?* hat einen derart vielädrigen Verlauf, dem zu folgen ich nicht imstande bin, und so geht es gerade weiter. In Deutschland gibt es eine Neuauflage, und gerade heute Vormittag hat mich ein Fachmann, ein Drehbuchautor, angerufen und mir den Vorschlag gemacht, das Buch doch zu verfilmen.[45]

Aufgrund deiner Worte von zuvor ließe sich behaupten, dass dieser neue Beruf etwas von dir, etwas in dir zuoberst gekehrt hat. Hast du nicht selbst gesagt, du fühltest dich wie jemand mit zwei Gesichtern, zumindest so lange du zwei Berufe ausgeübt hast? Sicher.

Und hat das, in psychologischer Hinsicht, nicht auch Schwierigkeiten mit sich gebracht, Ambiguität erzeugt? Ambiguität nicht, Heterogenität, das ja. Ich habe mich gut gehalten, ich habe bestens standgehalten, über so manche Jahre habe ich mich pflichtgetreu meinen Aufgaben gestellt, das muss ich schon sagen.

Wie sah das in der Praxis aus? Ich teilte meine Zeit in zwei Hälften auf: Auf der einen Seite die Zeit in der Fabrik, in der die Literatur nichts verloren hatte, dann die Zeit danach, in der ich Briefe beantwortete, und die Abende, die verbrachte ich mit Schreiben.

Die Arbeitszeit in der Fabrik betrug acht Stunden? Ja, plus zwei Stunden Fahrzeit, das macht zehn. Ich arbeitete nachts. Ich bin eine starke Natur, das ist alles.

Kein Schwachwerden? Doch, wie das, von dem ich jetzt[46] erzählt habe. Aber nicht hinsichtlich des Schreibens. Was die Arbeit in der Fabrik angeht, da habe ich Schwächen gezeigt, an dieser Front, ja gewiss.

Auf alle Fälle bezogen die sich nicht auf das Schreiben. Nein.

Das ist doch eine positive Tatsache, oder nicht? Nicht das Geschriebene, aber das »zu Schreibende«, das ja. Jetzt beispielsweise bin ich unfähig zu schreiben, doch die Dinge, die ich geschrieben habe, die verachte ich nicht, sie sind Blut meines Bluts.

Lassen wir die aktuelle Situation einmal beiseite, als Schriftsteller jedenfalls hast du die Situation letztendlich immer dominiert. Momente der Schwäche, die gab es, ja, oft habe ich welche verspürt, oft wurde ich gepackt von – aber darüber möchte ich jetzt lieber nicht sprechen.

Doch wie reagierst du angesichts drohenden Schwachwerdens? Ich versuche, es mit meinen Mitteln zu bekämpfen, aber ... Der Umstand, dass du mich über diese Dinge befragst, während ich mich in einer Krise befinde, zeigt mir die Dinge in einem ganz anderen Licht. Zu anderer Zeit würde ich andere Antworten geben, mit sehr viel mehr Begeisterung sprechen.

Ich verstehe, aber ich komme nicht umhin festzustellen, dass du das Ungeheuer letztlich immer zur Strecke gebracht

hast. Jetzt bedeutet mir das nichts. Ich hatte es dir von Anfang an gesagt, das sind Geständnisse, die es zu übersetzen gilt.

Ich weiß sehr wohl, dass du das, was du mir sagst, in anderen Momenten nicht sagen würdest, aber ist das nicht auch der Maßstab für eine Unterredung, die etwas mehr Tiefgang anstrebt? Ich lebe mit Argwohn meine Hemmung, von der ich dir erzählt habe. Sie hat die Jahre meiner Jugend vergiftet, und noch immer beeinträchtigt sie gewisse zwischenmenschliche Beziehungen.

Doch sieh nur, und ich spreche zu dir mit allergrößtem Respekt, in deinen Werken nimmt man zuweilen diese Einschränkung wahr. Als gäbe es eine Art Barriere, die dir zu überwinden nicht gelingt. Ich will sie nicht überwinden.

Ich sage es mal weniger verklausuliert: Als würde es dir an Herzenswärme fehlen. Das weiß ich nicht, dessen bin ich mir nicht bewusst.

Eine Art Widerstand ... Gewiss ist der da. Eine Spur davon gibt es – das kann ich ruhig sagen – auf den ersten Seiten von *Ist das ein Mensch?*. Da wird auf eine Frau hingewiesen, und dieser Frau habe ich auf meine Weise den Hof gemacht und sie damit sehr in Bedrängnis gebracht, denn sie wurde sich meiner extremen Schüchternheit und Unentschlossenheit bewusst. Wir wurden zusammen auf ziemlich banale Art und Weise gefangengenommen. Wir hatten uns im Col di Joux versteckt, sind dann wegen irgendeiner politischen Mission hinuntergestiegen, und im Tal hat man uns eine Übernachtungsmöglichkeit angeboten, damit wir des Nachts nicht zurück in die Berge müssten. Wir haben abgelehnt, ich weiß nicht mehr genau, aus welchem Grund, und sind in der Dunkelheit wieder bis in den Col di Joux hinaufgestiegen und fünf Stunden später, also nach der Nacht, wurden wir verhaftet, und deswegen plagt mich häufig ein Schuldgefühl.

Weil du ungewollt die Verhaftung mitverschuldet hast? Überdies hat diese Frau, um der Deportation zu entkommen, einen Selbstmordversuch unternommen, sie hat sich die Pulsadern aufgeschnitten, dann hat sie sie sich wieder zunähen lassen. Jedenfalls lastete ihr Tod auf mir – denn später ist sie umgekommen – so lange, bis ich meiner jetzigen Ehefrau begegnet bin. Für mich war es eine echt verzweifelte Situation, in eine Person verliebt zu sein, die nicht mehr am Leben war, und obendrein deren Ende mitverschuldet zu haben, und das ist es, denke ich, was man wahrnimmt. Vielleicht, wenn ich ihr gegenüber weniger gehemmt gewesen wäre, wenn wir gemeinsam geflohen wären, wenn wir uns richtig, auch körperlich geliebt hätten. Ich war zu diesen Dingen nicht in der Lage.[47]

Es ist eine Situation, die von weit her kommt. Hast du nie daran gedacht, deine Autobiografie zu schreiben? Die habe ich geschrieben.

Ich meine nicht *Das periodische System*, das ist nur dem Anspruch nach eine Autobiografie. Ich will sagen, eine echte Autobiografie, ohne weitere Filter als die des Schreibens. Es ist zum Beispiel etwas ganz anderes, von einem beruflichen Misserfolg zu erzählen als von einer Niederlage, die viel tiefreichender erlebt wurde. In der Tat, es wäre allzu schmerzhaft für mich.

Genau das war der Sinn meiner Frage. Wie ich dir sagte, ich habe die Zeit des Heranwachsens und des ersten Erwachsenseins als eine ausgesprochen unglückliche erlebt, eben aufgrund meiner Unfähigkeit, eine tragbare Liebesbeziehung zu einem Mädchen zu knüpfen ... Aber das sind die Dinge, die gehören nicht erzählt.

Ich verstehe gut. Im Übrigen kommt der bessere Teil deines Lebens ja auch erst danach. Die Rückkehr aus dem *Lager*, die Ehe, die Kinder, die Bücher, das Schreiben mit seinem therapeutischen Potenzial. Schreiben ist auch ein wenig gesunden ... Das ist es gewesen, aber *Ist das ein Mensch?* ist sehr dramatisch, wie ich erzählt habe. Die zwei konvergierenden Umstände, der Beginn der Niederschrift von *Ist das ein Mensch?* und die Begegnung mit meiner jetzigen Ehefrau waren für mich zwei Rettungsfaktoren.

Das Zusammentreffen mit deiner Frau, das kannst du doch erzählen, oder? Sicher, mir steht auch der Sinn danach, es zu erzählen. Es war eine Sache, ich würde sagen, von Sekunden, nicht einmal von Minuten. Ich kannte sie ja bereits, sie war eine Freundin meiner Schwester.

Du kanntest sie bereits vor der Deportation? Ja, schon vor der Deportation. Sie war eine der zahlreichen Freundinnen meiner Schwester. Wir sind tanzen gegangen, und innerhalb weniger Sekunden wurden wir uns der tiefgehenden, unmittelbaren Veränderung bewusst, des Verschwindens dieser Blockade, dieser Hemmung, vor allem dank ihrer, die mich zum Reden gebracht hat, die geduldig mit mir war, Verständnis für mich hatte, liebevoll mit mir umging, und innerhalb von wenigen Minuten ...

Wohin wart ihr tanzen gegangen? Erinnerst du dich noch? Ich erinnere mich nicht mehr, vermutlich in die jüdische Schule.

Weißt du noch, welcher Tag es war? Ja, es gibt ein Gedicht in der Sammlung *Zu ungewisser Stunde*, das ich zu diesem Anlass geschrieben habe, erinnerst du dich daran?[48]

Vielleicht das, in dem du über Sterne und Gottes Irrtum sprichst ... Ja, das Datum ist das des Gedichts, von dem ich dir erzählte.

Geschah es am Abend, bei Tag? Am Abend, ja.

Und es kam urplötzlich und war umwerfend. Ja, urplötzlich und umwerfend.

Denn du hast ein Vorher und ein Nachher wahrgenommen. Wie ich im Kapitel *Chrom* in *Das periodische System* erzählt habe.

Und es hat dich euphorisch gemacht. Ja, ich war euphorisch, ich fühlte mich verwirklicht, ich war offen, heiter, voll Arbeitsdrang. Es war ein doppelter Sieg. Ich kam mir vor wie der Weltenlenker.

Wir sind zu sprunghaft vorangegangen. Wollen wir nochmals einen Schritt zurückmachen zur Zeit der Universität, als es darum ging, dass du dich immatrikulieren solltest? Ich habe nicht gezaudert. Da gab es dieses Missgeschick, dass ich bei der Abiturprüfung nicht die entsprechenden Noten hatte, doch

dank des Privatunterrichts bei Umberto Cosmo habe ich die
Prüfung im Oktober dann wiederholt.

Du bist zu Cosmo gegangen? Als Privatlehrer, welchen Eindruck hat er auf dich gemacht? Der Ärmste, es war ihm sehr peinlich.

Du gingst zu ihm nach Hause, in den Corso Mediterraneo?
In die Via Colli.

Ah, dorthin! Die Tochter wohnt noch immer dort. Wie alt war er damals? Ich weiß nicht recht, fünfundsechzig? Mir kam er uralt vor.

Und wer hat dich an ihn verwiesen? Die Arici in Person. Nein, ach nein, das war nicht die Arici, denn ich sollte ja einen faschistischen Aufsatz schreiben, von daher kann sie es nicht gewesen sein. Ich weiß es nicht mehr, wer von den Freunden mir Cosmo empfohlen hat. Er hat mir gute Ratschläge erteilt, er hat mich einige Übungen machen lassen. Im Oktober habe ich dann die Nachprüfung geschafft, aber ich weiß nicht mehr, mit welcher Benotung.

Erinnerst du dich auch nicht mehr an die Aufgabenstellung für diesen Aufsatz? Nein.

Und dann? Dann habe ich mich, ohne zu zögern, an der Uni eingeschrieben, und dort gefiel es mir ausnehmend gut. Das Umfeld, das Studium als solches, die Studientexte gefielen mir, ich war in meinem Element.

Hattest du Professoren, die auf deiner Höhe waren? Ja, von meinen Professoren schätzte ich beinahe alle, und sie wiederum schätzten mich, doch ein Jahr später kamen die Rassengesetze. Wir sind im Jahr 1938/39.

Und an dem Punkt musstest du … Nein, das Gesetz gestattete mir, meine Studien noch fortzusetzen, zum Glück, und ich habe mich zuerst anders gefühlt, aber ich war nicht der einzige Jude, wir waren so einige, von rund sechzig Immatrikulierten waren wir sieben oder acht, und ich muss sagen, sowohl die Professoren als auch die Kommilitonen haben sich uns gegenüber wie Gentlemen verhalten, sie haben es uns nicht spüren lassen.

Keiner? Als es darum ging, die Abschlussarbeit zu schreiben, da ja, es war nämlich verboten, uns als interne Prüflinge anzunehmen, wie es damals genannt wurde. Und einige Professoren haben es dir brutal ins Gesicht gesagt: »Sie sind Jude, deshalb darf ich Sie nicht annehmen.« Andere haben sich freundlicher ausgedrückt, und einer hat mich illegal als Examinand genommen.

Was heißt das? Im Sinne, dass du von Gesetzes wegen nicht aufgetaucht bist? Ich tauchte überhaupt nicht auf, ich existierte einfach nicht. So kam es, dass ich eine Zweitarbeit in Physik verfasst habe, die umfangreicher als die Examensabschlussarbeit war, denn sie fußte auf meinen Experimenten.

Hast du dein Studienbuch aufbewahrt? Waren viele Prüfungen abzulegen? Fünfundzwanzig.

Und bei keiner hattest du irgendwelche Schwierigkeiten?
Bei diesen Prüfungen? Nein.

Es gab also rein gar nichts, das dir missfiel. Nun, einige Dinge gefielen mir mehr, andere weniger. Baustoffchemie beispielsweise interessierte mich recht wenig. Ich war fasziniert von theoretischer Chemie, auch von der experimentellen.

Die Tatsache, dass du nicht in diesem Ambiente geblieben bist, ist sie deinem Judentum geschuldet? Im universitären Umfeld, meinst du? Hm, nach dem Studium habe ich eine Arbeit gefunden, ich hatte es sehr eilig damit, denn mein Vater war schwer krank. So habe ich also die Anstellung in Balangero angenommen, danach die bei der Wander.

Dein Vater? Mein Vater wurde 1935 wegen Darmkrebs operiert, 1942 traten Metastasen auf.

Während du noch Student warst? 1942 hatte ich die Universität bereits verlassen. Ich habe mein Abschlussexamen im Juli 1941 gemacht.

Deine Examensarbeit? Die eigentliche Examensarbeit habe ich in Stereochemie bei Professor Ponzio[49] geschrieben.

Hatte er das Thema ausgesucht? Ich hatte es ausgesucht.

Was war das Besondere für dich an diesem Thema? Eben die Stereochemie, das heißt die Chemie der Moleküle in ihrer Eigenschaft als feste Körper mit einer ganz bestimmten Form, mit einer ihnen innewohnenden Dynamik. Ich muss sagen, dass es eine intelligente Examensarbeit war, in der Tat erhielt ich dafür auch eine *summa cum laude*. Die Zweitarbeit war in experimenteller Physik, die, von der ich dir bereits erzählt habe.

Schätztest du Professor Ponzio? Oder hattest du ihn dir als Examensprofessor ausgesucht, weil er von allen am ehesten disponibel war? Nein, es war so: Das Thema der Examensarbeit habe ich ausgewählt, einfach weil es mich interessiert hat, und er hat es unmittelbar akzeptiert. Er war sehr intelligent. Ich erinnere noch wortwörtlich, was er zu mir sagte: »Sie sind ein ganz außerordentlicher Student, aber als offiziellen Examinanden darf ich Sie nicht nehmen.« Es war wegen der Rassengesetze.

Also wenn die Rassengesetze nicht gewesen wären, hättest du die Universitätslaufbahn fortsetzen können. Sicher hätte ich eine akademische Karriere gemacht.

Die Räume waren die am Corso Massimo d'Azeglio? Ja.

Die mit dem Minarett? Heute gibt es das Minarett nicht mehr, sie haben es abgerissen. Eines ist noch übrig geblieben, das der Physiologie, aber das des Instituts für Chemie wurde zerstört. Das Minarett war in Wirklichkeit ein Verbrennungsschlot.

Und an das Turin von damals, welche Erinnerungen hast du? Das ist etwas schwierig. In Wirklichkeit erinnere ich mich nicht sehr gut daran. Gewiss, es war damals einfacher als heute, zu Fuß durch die Stadt zu laufen, es war auch angenehmer, es gab noch nicht all diese Autos.

Aber hast du während deines Lebens in dieser Stadt nicht doch manchmal den Wunsch verspürt wegzugehen, alles zu

ändern? Es waren immer bedingte Ausbrüche, das heißt, ich hatte den Wunsch zu verreisen, aber doch wieder hierher zurückzukehren.

Kann man sagen, dass du ein sesshafter Mensch bist? Ja, ich bin sesshaft.

Wir haben uns das Thema Buchlektüren in jenen Zeiten noch nicht vorgeknüpft. Ab dem Gymnasium und danach? Du kennst doch die Anthologie *La ricerca delle radici* [Die Suche nach den Wurzeln] ... es gab da wenig mehr. [50] Nun, mein Vater schleppte Berge von Büchern nach Hause: Céline, beispielswweise, Dos Passos.

Céline? Hast du Céline gesagt? Céline, ja.

Céline trifft einen schmerzhaft, bis aufs Blut oder nicht? Mir gefiel dieser Stil nicht, ich fand ihn ungeordnet, anarchisch, aber ich habe ihn gelesen ... Hm. *Der Zauberberg* ...

Etwas ganz anderes. Der gefiel mir sehr.

Weil das Thema Krankheit, Tuberkulose, Sanatorium dich fesselte? Weder ja, noch nein. Mich interessierten die metaphysischen Reden, die Gespräche zwischen Naphta und Settembrini. Mich interessierte das Ambiente, mich interessierte die Figur, die Krankheit habe ich vernachlässigt.

Was für eine Art Leser warst du? Ein Leser mit Lupe, ich achtete auf das Satzgewebe, dahinter steckte meine Leidenschaft für die Grammatik, von der ich dir erzählt habe.

Mir scheint, dass all dies zu deinem »gebundenen« Stil passt. Ich glaube, man sollte mal eine Untersuchung zu deinen Relativsätzen anstellen. Das wäre interessant.

Um auf Thomas Mann zurückzukommen, *Der Zauberberg* war eindeutig universitärer Lektürestoff. Ja, wir lasen ihn an der Uni. An die anderen, wie Dos Passos, Faulkner, erinnere ich mich nicht mehr gut.

Hatten Vittorini oder Pavese damit etwas zu tun?[51] Nein, ich las sie in der Dall'Oglio-Ausgabe, will ich meinen.

Und Pavese und Vittorini? Von Vittorini besaß ich nichts, auch nichts von Pavese.

Das waren also spätere Entdeckungen. Ja.

An welche Schriftsteller erinnerst du dich also? Hm, ich habe auch viel Schund gelesen. Ich habe Sholem Asch und Jack London, Kipling gelesen. Die waren beinahe obligatorisch.

Auch Guido da Verona? Auch Pitigrilli?[52] Nein, das waren Lektüren, die mein Vater mir nicht gerne nach Hause brachte.

Verne? Natürlich auch Verne.

Kein Salgari. Kein Salgari. In Wahrheit habe ich von Salgari einen Roman gelesen, aber er hat mir nicht viel gesagt.

Keine verbotenen Lektüren. Nein. Denn die Bücher kaufte nicht ich, das machte mein Vater.

Sonntag, 8. Februar

Wie weit waren wir gekommen?

Bis zu den Jahren deines Studiums, kurz danach. Ich erinnere nicht mehr, was wir schon gesagt haben, was ich noch nicht gesagt habe.

Das macht nichts. Wir werden Gelegenheit haben, darauf zurückzukommen. Meine Geschichte ging gleich nach dem Universitätsabschluss los. Ich hatte das dringliche Bedürfnis, Geld zu verdienen, denn mein Vater war sehr krank, und die bizarrste Idee, die uns gekommen ist, war die, ein eigenes Labor einzurichten.

Darüber sprichst du in *Das periodische System*. Nein, ich denke, dass ich darüber nicht gesprochen habe.

Mir scheint doch, und zwar in *Arsen*, wenn du über den Schuhmacher und die Analyse sprichst, mit der er dich beauftragt hatte. Handelte es sich nicht um dein eigenes Labor?
Doch ja, aber es gibt da eine Vorgeschichte, die hat sich zuvor abgespielt. Mit der gleichen Person, mit dem gleichen Freund Emilio aus *Das periodische System*.

Darf man seinen bürgerlichen Namen wissen? Ja doch, er heißt Alberto Salmoni. Sein Vater hatte das Monopol für den Handel mit Schlachtblut und verfügte auf dem Corso Inghilterra über eine entsprechende Räumlichkeit.[53] Wir haben überlegt, uns dort einzuquartieren.

Auf dem Corso Inghilterra? Ja, dort, wo jetzt die Sip[54] ist, befand sich einst der Schlachthof.

Die alte Abdeckerei. Ja. Wir haben ein eigenes Labor eingerichtet, um im großen Maßstab titrierte Reagenzien herzustellen, etwas, das dann von anderen realisiert wurde. Mit den Mitteln, die uns zur Verfügung standen, war das eine völlig verrückte Idee, wir hatten ja kein Geld.

Was sind titrierte Reagenzien? Das sind Phiolen, die eine bestimmte, genauestens abgewogene Menge beispielsweise von Schwefelsäure oder kaustischem Soda (Natriumhydroxid, d. Ü.) oder Permanganat oder anderen Stoffen enthalten.

Für unterschiedliche Verwendungszwecke? Zu analytischen Zwecken, sie finden Verwendung in anderen Labors, sind zum Titrieren nötig, das heißt, um den Feingehalt anderer Substanzen zu bestimmen. Die Sache war nur von sehr kurzer Dauer ...

Alberto Salmoni – entschuldige, wenn ich dich von Zeit zu Zeit unterbreche – war ein Weggefährte von dir? Ja, er war ein Schulkamerad, ein Wegbegleiter, der Gefährte eines langen Wegs, denn wir sind auch heute noch Freunde.

Habt ihr euch an der Universität oder im D'Azeglio kennengelernt? Wir haben uns in einem Bus auf der Rückfahrt von Sestriere kennengelernt. Dort fuhr ein wunderschöner junger Bursche mit, der sehr gut singen konnte, und das war er. Aber ich wusste nicht, dass er Jude war. Nach genauerer Untersuchung stellt sich heraus, dass (sein Nachname, d. Ü.) mit dem Wort *shalom* zu tun hat, was im Wesentlichen Frieden bedeutet, also eine Abkürzung von Salomon ist. Ich wusste nicht, dass er Jude war, er hatte nichts Jüdisches in seiner Physiognomie, in seiner Art sich zu geben. Er war ein schöner junger Mann und ist noch immer ein schöner Mann, so dass er – das sei nebenbei gesagt –, als die Rassengesetze in Kraft traten, mich gefragt hatte: »Und du, wie wirst du zu Rande kommen?« Woraufhin ich sehr verärgert war, denn ich dachte, was für eine impertinente Frage. »Ich werde schon zu Rande kommen! Aber du, Arier, sieh nur zu, wie du es schaffst.« Und er entgegnete: »Nein, ich bin auch Jude.« Nun gut, dieses Labor war nur von kurzem Bestand, denn mir wurde eine Anstellung in Balangero angeboten, worüber ich in *Nickel* erzählt habe.

War es nur eine Idee oder habt ihr tatsächlich ein Chemielabor eingerichtet? Nein, wir haben uns tatsächlich dort im Schlachthaus auf rudimentäre, abenteuerliche Weise etwas aufgebaut. Es war ein absolut widerlicher Raum.

Und wie lange hatte es Bestand? Einen Monat vielleicht.

Also sehr kurz. Kannst du mir das genaue Jahr sagen? Es war im Herbst unseres Universitätsabschlusses, also 1941.

Widerlich, sagtest du? Ja, dieser Raum ganz besonders. Das ganze Schlachthaus war abstoßend und dieser Raum ganz speziell, denn er war voller Blut, geronnenes Blut. Ich habe darüber dann im Hinblick auf das Zinn in *Das periodische System* gesprochen, als ich Albertos Vater beschrieb. Der hatte Alberto unter seine Fittiche genommen und uns großzügiger Weise einen dieser Räume überlassen.

Was hat er später dann gemacht? Der Vater?

Nein, Alberto Salmoni. Er hat die Berufe mehrmals gewechselt. Jetzt macht er nichts mehr, das heißt, jetzt ist er sogar Besitzer eines Schreibwarenladens, aber de facto ist er Rentner.

Das also ist das erste Projekt gewesen, das zumindest für einen, wenn auch knappen, Zeitraum Bestand hatte. Ja.

Hast du jemals noch von etwas anderem geträumt, für dich im stillen Kämmerlein über anderes nachgedacht? Nun, ich hatte gedacht, eins führt zum anderen, fangen wir also damit an, ein kleines Labor auf die Beine zu stellen, wir werden dann sehen, was sich daraus machen lässt, wenn nicht das, was ich dir eben erzählt habe, also Reagenzien für Analysen, Vorarbeiten im Auftrag anderer. Zu Kriegszeiten gab es solche Dinge. Es mangelte an vielen Primärmaterialien, und es gab die Möglichkeit, Synthesen herzustellen, was wir gleich nach Kriegsende dann auch machten.

Hast du dich je mit dem Gedanken getragen, ein ehrgeizigeres Unternehmen auf die Beine zu stellen? Nun, unter den Gegebenheiten, mitten im Krieg, mit den herrschenden Rassengesetzen, da gab es nur eine Überlebensökonomie: zu sehen, wie man den Tag überstehen konnte. Die Weitsichtigeren dachten, dass es für die Juden in Italien auf alle Fälle schlecht ausgehen würde, ob die Deutschen nun eine Niederlage einsteckten oder ob sie siegten. Man befand sich in einem großen Debakel, die Lage war sehr heikel.

Und gestattete weder Träume noch Pläne. Eben, keine Pläne. Die Tragödie lag bereits in der Luft, man konnte sie spüren, ohne zu wissen, um was für eine Tragödie genau es sich handelte, ich wusste nicht, wie die Dinge laufen würden.

Gleichwohl ist es mir nach diesem kurzen Ausflug in die Selbstständigkeit in Balangero nicht schlecht ergangen, vielmehr, ich habe mich dort sehr wohl gefühlt, weil mir die Arbeit Spaß gemacht hat.

Von wem bekamst du das Angebot für Balangero? Von Ennio Mariotti[55], er ist vor fünf oder sechs Jahren gestorben.

Wer war er, was tat er? Er war Leutnant im Heer, er war von Haus aus Antifaschist. In Florenz hat sein Vater mit der Flinte auf die Faschisten geschossen. Er war Florentiner, ein sehr intelligenter und energischer Mann, der seinen Militärdienst mit äußerstem Widerwillen absolviert hat und mir gegenüber sehr autoritär war, so dass ich fast rebelliert hätte. Ich fand »meine« Art und Weise das Nickel zu isolieren, das konnte er nicht so leicht schlucken, auch weil ich infolge dieser, sagen wir es ruhig, kleinen Entdeckung nach Genua, das heißt, nach Cornigliano, beordert wurde, wo es ein Militärlabor gab, alles immer noch auf halb klandestine Weise – ich war doch Jude –, um andere Methoden der Anreicherung dieses Materials auszuprobieren, um die Methode zu perfektionieren und so fort.

Bist du lange dort geblieben? Ich bin vielleicht zwei Monate in Cornigliano geblieben und habe eigenständig ein Patent angemeldet, ich habe also ziemlich unkorrekt gehandelt, doch – wie ich dir sagte – es waren dramatische Zeiten, und ich dachte mir, ein Patent auf den eigenen Namen zu besitzen, ist ein Titel, der auch von Nutzen sein kann, wenn ich in die Schweiz oder andersowohin flüchten muss.

Und du lebtest in Cornigliano? Ich lebte in Genua, ich hatte Verwandte in Genua und arbeitete in Cornigliano.

Also hast du in der Zeit dort gelebt, die mit deiner Anstellung in Balangero zusammenfiel. Das war am Ende, nach Balangero.

Also war dein Arbeitsverhältnis in Balangero schon beendet? Nein, mein Auftrag kam aus Balangero.

Und danach? Dann bin ich nach Balangero zurückgekehrt, und die Sache mit dem Nickel war zu Ende. Wie ich bereits erzählt habe, andernorts gab es reichere Nickelvorkommen, und es machte keinen Sinn, weiter zu forschen. In Klammern: Die Geschichte ist nicht zu Ende. Dem Nickelmarkt zufolge gibt es noch immer Leute, die sich nach Balangero begeben und dort graben und mit raffinierten Methoden versuchen, das Nickel aus diesem so kargen Material zu gewinnen.

Und gelingt es ihnen? Bislang nicht.

Vielleicht im Verborgenen? Im Verborgenen. Es sind Dilettanten, kleine Chemiker. Die große Industrie hat sich, soweit ich weiß, nie damit befasst, aber das Material weckt Interesse, denn es ist schon zerkleinert, also das Gros der Mahlarbeit ist bereits erledigt.

Kann deiner Meinung nach diese Forschungsarbeit heute noch Früchte abwerfen? Alles hängt vom internationalen Preis des Nickels ab. Gäbe es einen Nickelboom, könnte ein neuer Versuch der Mühe wert sein.

Gründet alles auf den Unwägbarkeiten des Marktes, oder ist bereits ein Trend erkennbar? Das lässt sich nicht sagen. Hin und wieder höre ich von jemandem, der mich überzeugen will, die alte, bereits skizzierte Idee wieder aufzunehmen. Die Sache ist noch nicht gestorben.

Wollen wir nochmals auf Ennio Mariotti zurückkommen?
Ja, genau, er hat es als Unkorrektheit meinerseits aufgenommen, dass ich das Verfahren unter meinem und nicht unter dem Namen des Bergwerks von Balangero habe patentieren lassen.

Du hast es also richtiggehend patentieren lassen? Ja, ja.

Wie lange hat die Erfahrung dort in Balangero gedauert?
Ungefähr sechs Monate.

Hast du dort noch andere Beziehungen gepflegt, an die du dich erinnerst? Ja, auch zum Direktor. An ihn erinnere ich mich sehr gut. Er war noch jung, sehr energisch, frischverheiratet mit einer weißhäutigen Tunesierin, einer tunesischen Französin, und war mir gegenüber sehr zuvorkommend. Meine Situation war ihm sehr wohl bewusst, vor allem nach dem Tod meines Vaters: Er starb just, als ich in Balangero war, im März 1942. Der Direktor lud mich zum Schachspielen zu sich nach Hause ein, also wir waren ziemlich gut befreundet.

Kleiner Einschub. Wann hast du mit dem Schachspielen begonnen? Oh, vor sehr langer Zeit. Mein Vater hat es mir beigebracht. Zuerst gewann immer er, dann habe ich angefangen zu gewinnen, wie es nun mal so ist. Nicht weil ich besser spielen konnte als er, sondern einfach, weil mein Alter größere Konzentration, ein besseres Gedächtnis mit sich brachte ... so wie heute mein Sohn mich schlägt.

Wie war der Name des Direktors? Marchioli.

Erinnerst du dich noch an seinen Vornamen? Nein.

Kann man ihn noch aufsuchen? Nein, er ist vor wenigen Jahren gestorben, auch er.

Lebte er in Turin? Nein, er hat immer in Balangero gelebt, er ist zum Generaldirektor des Bergwerks ernannt worden. Nein stimmt nicht, er war nicht mehr in Balangero, er war nach Ispra umgezogen, ich weiß nicht mehr aus welchem Grund.

Auf alle Fälle lebtest du dort abgetaucht, mehr oder weniger klandestin? Ja.

Und was brachte das für dich mit sich? Du lebtest dort, hattest du ein eigenes Zimmer? Ja, ich hatte ein Kämmerchen, die Mahlzeiten nahm ich bei einer Arbeiterfamilie ein, sehr freundliche Leute waren das.

Wussten sie Bescheid über deine Lage? Sie hatten es wohl erraten.

Ohne darüber zu sprechen? Wie ich geschrieben habe, ich hatte sogar eine junge Frau als Assistentin, die die Tochter eines faschistischen Bonzen war. Derselbe Bonze, der mich zum Mittagessen einlud.

Dinge, die nur bei uns geschehen konnten? In Italien im Allgemeinen und im Bergwerk San Vittore im Besonderen, denn der Ort war eine Art Republik, isoliert, fünf Kilometer von der Ebene entfernt.

Auch ein faszinierender Ort, ich erinnere mich an ihn, er liegt auf dem Weg nach Lanzo, rechter Hand der Straße. Ja, auch als Ort war er faszinierend, das stimmt. Jetzt nicht mehr, der Kegel, den ich beschrieben habe, ist jetzt durchbrochen, eine Wand fehlt gänzlich. Es gibt nun ein riesiges Plateau, und da in der Zwischenzeit festgestellt wurde, dass Asbest gesundheitsschädlich oder zumindest gesundheitsgefährdend ist, wurde der ganze Arbeitsprozess automatisiert, also völlig verändert.

Also stimmt es auch, wie du mir erzählt hast, dass die BBC, als sie kommen sollte, sich nicht vor Ort begeben wollte, sie machten Probleme. Ja.

Man kann überdies nicht behaupten, dass du dir echte Freunde gemacht hast. Nein, ich wollte auch keine Freunde.

War das bedingt durch dein Leben als Klandestiner? Im Übrigen, mit wem hätte ich denn Freundschaft schließen sollen? Ich war der einzige Chemiker. Leutnant Mariotti kam einmal pro Woche zu mir auf den Berg, ich war also reichlich isoliert.

Unterstand das Bergwerk dem italienischen Heer? Das Bergwerk war einer Behörde mit dem Namen Cogefag, [*Comissariato generale per le fabbricazione di guerra*, Generalkommissariat für Rüstungsproduktion, d. Ü.] unterstellt. Man war der Ansicht, dass Asbest ein Material von strategischem, kriegstaktischem Interesse sei, so dass es einen Militärinspektor gab, der von Zeit zu Zeit auftauchte und keiner Fliege etwas zuleide tat.

Und das hat, meintest du, sechs Monate gedauert? Ja, von Januar bis Juli 1942, die beiden Monate in Cornigliano eingerechnet, aber vielleicht waren es nicht zwei Monate, vielleicht war es auch nur einer.

Und dann? Dann erhielt ich einen Anruf aus Mailand. Zwei Dinge. Zum einen, wie ich dir bereits erzählt habe, der Nickelboom war passé, und sie hatten mir angeboten, dennoch für andere Aufgaben dort zu bleiben. Aber ich hatte bereits das besagte Angebot aus Mailand, von der Firma Wander, es ist die, die auch Ovomaltine herstellt, und ich habe sofort zugesagt, auch weil ich in Mailand Verwandte hatte, bei denen ich wohnen konnte.

Und da gibt es auch das Gedicht *Crescenzago*. Wollen wir rekonstruieren, wie sich die Gruppe zusammensetzte? Ich weiß, dass es darin Altersgenossen gab. Ja, so gut wie Gleichaltrige. Da war meine Cousine, genauer gesagt war sie eine Cousine meiner Mutter, die mit ihrer Mutter im Zentrum von Mailand wohnte, und die hat mir ein Zimmer vermietet.

Und du fuhrst von Mailand Stadt bis nach Crescenzago?[56]
Ich nahm die Straßenbahn oder das Fahrrad, um Crescenzago zu erreichen.

Welche Erinnerungen hast du an diese Zeit? Sehr gute, es waren außerordentlich fruchtbare Jahre. Wir waren sieben Freunde.[57]

Kannst du sie mir aufzählen? Sicher doch! Das waren: Carla Consonni, Silvio Ortona, Emilio Diena, der Architekt Eugenio Gentili, besagte Vanda Maestro, die mit mir zusammen deportiert wurde und dann umkam, das Mädchen, von dem vage in *Ist das ein Mensch?* die Rede ist, die Cousine, bei der ich zu

Gast war, die vergangenes Jahr an Alzheimer gestorben ist, und mit mir sind es sieben. Zusammen haben wir schöne Abende verbracht: Wir sangen Lieder unterschiedlicher Herkunft, organisierten heimliche Abendessen mit Erzeugnissen vom Schwarzmarkt.

Wie machst du dich als Sänger? Miserabel.

Aber du singst, wenn es angesagt ist? Ich sang, ja. Wir hatten ein Repertoire, wir verbrachten die Abende mit Singen.

Ein Repertoire welcher Art? Lieder aus den Waldensertälern, jüdische Lieder, französische Lieder.

Kannst du welche zitieren? Es waren vorwiegend Lieder aus den Bergen, ich kann viele nennen, aber sie darbieten, das nicht.

Ich bitte dich ja nicht, sie zu singen. Sie haben keinen Titel.

Vielleicht den Einstieg von diesem oder jenem? *Il n'avait qu'une fille, enfants de la mort laissez-vous conduire.*[58] Es waren französische Lieder, Silvio Ortona hatte viele französische Freunde, und die hatten ihm französische Lieder beigebracht.

Wer war der Anführer der Gruppe? Ich würde sagen, um die Führung rangen Silvio Ortona und ich. Silvio Ortona war in seiner politischen Haltung viel reifer als ich, dafür war ich vielseitiger und habe zu jener Zeit auch etwas geschrieben, wovon ich noch nie etwas habe verlauten lassen. Ich habe eine Geschichte geschrieben, die ich nie beendet habe, über einen Mann, der außerhalb der Zeit lebte, in die Zeit eindrang, von der Zeit fortgetragen wurde. Ich habe sie aufgehoben, aber nicht veröffentlicht, und sie bleibt unveröffentlicht.

Wie umfangreich ist sie? Zwanzig Seiten.

Hast du nie daran gedacht, sie dir noch einmal vorzunehmen? Nein, sie ist absolut pubertär, eine Schönschreibübung. Sie ist nicht schlecht geschrieben, sie ist eben kalligraphisch.

Also, du empfindest sie nicht als deine, stilistisch gesehen befriedigt sie dich nicht. Nein, sie verrät Spuren der Zeit des *Zauberbergs*, der Berge, denn zu jener Zeit, habe ich das etwa nicht erzählt?, waren wir fanatische Bergsteiger, allesamt, Jungs wie Mädels. Wir machten erschreckende Sachen ...

Von Mailand aus, wohin gingt ihr? Von Mailand aus fuhren wir Samstagabends mit dem Rad ins Grigna-Gebirge.

Ja, darüber hast du gesprochen. Es sind fünfzig Kilometer. Wir machten uns, als wäre nichts, am Samstagabend auf den Weg bis nach Ballabio, wenn ich mich recht erinnere, und dann steil bergauf bis in die Berghütte Carlo Porta. Dort übernachteten wir, und am nächsten Tag bestiegen wir das Grigna-Massiv, ein sehr anspruchsvoller Anstieg. Ich habe sogar ein Loch im Schädel davongetragen, es ist noch immer zu spüren.

Darf ich es berühren? Hier, kannst du fühlen, dass da eine Ausbuchtung in der Gehirnschale ist? Das war ein Stein, den sie mir gegen den Kopf geschleudert haben.

Also da war einer, der dich ... Das war eine andere Seilschaft, ja genau, eine andere Seilschaft, die mir einen Stein geschickt hat, der mir beinahe die Gehirnschale durchbohrt hätte.

Vielleicht hattest du mir gegenüber schon einmal etwas davon erwähnt. Und wie du dir dann aufs Abenteuerlichste hast behelfen müssen, denn deine Wunde blutete stark. Ja, sie blutete heftig, vielleicht habe ich dir davon erzählt. Das Blut durchtränkte die Kleider, lief an den Hosenbeinen heraus, so stark blutete ich. Trotzdem bin ich, nachdem ich die Wundblutung so einigermaßen gestillt hatte, mit dem Rad nach Mailand zurückgefahren. Schon seltsam, innerhalb von nur vierundzwanzig Stunden, zwischen Samstag und Sonntag, habe ich mir sämtliche Verletzungen zugezogen, die ich bis heute als Narben mit mir herumtrage. Die da, die du hier siehst, diese Hautverhärtung, also das kam so: Um hinauf nach Ballabio zu fahren, hatte ich eine fixe, sehr harte Radübersetzung montiert und trat damit in die Pedale, bis ein Kleinlaster mich passierte. Ich hängte mich an den Laster, ohne daran zu denken, dass sich die Pedale weiterdrehten. Es schleuderte mich vom Sattel, ich landete an einer Mauer und riss mir dabei den ganzen Daumen auf.[59] Am Tag darauf ist die Geschichte mit dem Stein passiert.

Du warst aber mal leichtsinnig. Ja, ich war etwas leichtsinnig.

Wie du mir schon erzählt hast, machtest du waghalsige Dinge. Ja, das kann man sagen.

Den Anführer spielen und all diese wagemutigen Unternehmungen, das hat dir doch geholfen, deine Schüchternheit zu überwinden, oder nicht? In gewisser Hinsicht ja, aber nur beschränkt. Meine Schüchternheit gegenüber dem weiblichen Geschlecht, die ist geblieben, das ging weiter so. Ja, es gab da einen schüchternen Flirt zwischen mir und Vanda Maestro, der dann auf die gemeinsame Verhaftung hinauslief, von der ich dir bereits erzählt habe.

Es waren auf alle Fälle reichlich ausgefüllte Jahre. Ausgefüllt, ja, das waren sie, sie schlossen auch den 25. Juli[60] mit ein, die Regierung Badoglio. Am 25. Juli hat jeder seinen eigenen Weg eingeschlagen. Ich muss sagen, dass ich sehr wenig von Politik verstand, auch heute ist das nicht viel anders, ich bin ein miserabler Politiker, aber ich hatte mich für den Partito d'Azione entschieden und betrachtete mich als sein Mitglied. Es gab keine eigentliche Einschreibung, ich hatte einen Stempel ...

Als Partei ist er erst später entstanden. Ja, aber dann ist er zu einer richtigen Partei geworden.

Und ist auch sehr schnell wieder eingegangen. Ja, sehr schnell war die Partei wieder tot, aber bereits damals hieß sie Partito d'Azione.

Und Silvio Ortona? Silvio Ortona ist Kommunist geblieben und ist es auch heute noch. Alle anderen waren vom *Partito d'Azione*.

Also habt ihr nun über Politik diskutiert, oder überhaupt nicht oder nur ein bisschen? Sieh mal, mit Badoglio ist die Sache explodiert und war von sehr kurzer Dauer, fünfundvierzig Tage[61], und die haben wir auf eine Art und Weise genutzt, wie du sie dir am wenigsten erwarten würdest: Wir sind allesamt nach Cogne in die Ferien gefahren, unbesorgt darüber, was sich anbahnte oder ganz offenkundig geschehen würde. Sie hatten uns jedoch erzählt, dass italienische Divisionen am Brenner standen und einen Schutzwall bildeten, so dass die Deutschen nicht durchkommen konnten. Wir haben das einfach geschluckt und ziemlich tollkühne Ausflüge nach Cogne gemacht. Auf einem dieser Ausflüge ist Silvio Ortona vom Rad geflogen und hat sich die Schneidezähne eingeschlagen, fünfzehn Meter weit ist er geflogen.

Eine ernste Angelegenheit. Ja, eine schlimme Sache, wie durch ein Wunder hat er sich gerettet, ein kleines Felsenband war seine Rettung.

Mir kommt es weiterhin unglaublich vor, dass man an das Unglaubliche glauben konnte. Das ist etwas Typisches, typisch aber für ganz Italien, nicht nur für uns. Ganz Italien war in dieser Situation. Am 25. Juli hat es ein großes Remmidemmi gegeben, und so auch am 8. September, dem Tag des Waffenstillstands. Da sind alle auf die Piazza gelaufen und haben für einen Tag »*viva!*« geschrien.

Und ihr habt den gesamten Zeitraum auf diese Weise verbracht? Die fünfundvierzig Tage von Badoglio auf die sorgloseste Weise, aber nicht nur wir. Alle *kurort*[62] Italiens waren voll, obwohl Krieg herrschte, obwohl die Bedrohung – im Nachhinein betrachtet – bereits offenkundig und immanent war.

Deine Zeit in Mailand war auch eine der Lektüre, hast du mir einmal erzählt. Ja, aber wenn ich dir sagen sollte, was ich damals gelesen habe, wüsste ich es nicht mehr. Vielleicht habe ich die *Buddenbrooks* gelesen, aber ich erinnere mich nicht mehr genau. Und außerdem, so viel habe ich wiederum auch nicht gelesen. Wir waren in dieser komplizierten Freundschaft verstrickt.

Wie auch immer, damals hast du die ersten Sachen geschrieben, abgesehen von den zwei Erzählungen, die du bereits zuvor verfasst hattest und später in *Das periodische System* übernommen hast. Erzählungen, die, wenn ich mich nicht täusche, auf die Zeit in Balangero zurückgehen. Ja ... Hör zu, an dieser Stelle muss ich dir ein Geständnis machen.

Willst du es aufnehmen oder soll ich das Gerät ausschalten? Wie du willst ... Da gibt es etwas zutiefst Unwahres, es stimmt nämlich nicht, dass ich in der Zeit jene zwei Erzählungen geschrieben habe ...

Was heißt das? Ich habe sie später geschrieben, mir kam es nur sehr gelegen, sie jener Zeit zuzuordnen.

Das scheint mir jetzt nicht besonders schwerwiegend zu sein. Innerhalb der Fiktion kommt mir das durchaus legitim vor; überdies lässt dein Schreiben glauben, dass es dort ein Hemmnis, eine Unerfahrenheit gibt. Was nur vorgetäuscht ist.

Eben. In der Literatur ist es legitim, Simuliertes als wahr auszugeben. Richtig, sie für etwas *ausgeben*, rückdatiert habe ich diese zwei Erzählungen. Und ich habe auch dieses Gedicht *Crescenzago* geschrieben, was richtiggehend infantil ist.

Das hast du wirklich in deiner Mailänder Zeit verfasst? Ja, das tatsächlich.

Also dann, antworte mir nur, wenn dir danach ist. Wieso hältst du die Enthüllung dessen, was deiner Ansicht nach eine Vortäuschung ist, für eine derart ungehörige Sache? Weil es so ist. Weil ich es allen gesagt und es so geschrieben habe.

Aber ist das nicht der Ausdruck eines stark ausgeprägten Über-Ichs? Mag sein. Jedenfalls habe ich diese zwei Erzählungen nicht zusammen mit den anderen von *Das periodische System* geschrieben, sondern getrennt davon, und sie dann unter dem Titel *Merkur* und *Blei* in den Band aufgenommen.

In der Mailänder Zeit, hast du da nur Crescenzago oder auch noch anderes geschrieben? Nein, ich habe keine anderen Gedichte mehr geschrieben.

Noch hast du irgendeinen anderen Entwurf für ein Werk konzipiert? Die Erzählung, von der ich dir bereits berichtet habe, die ich begonnen und nie zu Ende geschrieben habe, mit der ich nie vorankam.

Übten sich deine Freunde ebenfalls im Schreiben? Ja, auch meine Freunde schrieben, das ist eine Tatsache. Silvio Ortona verfasste eine philosophische Abhandlung, Eugenio Gentili schrieb einen sogenannten Antiroman, meine Cousine Ada Della Torre, zuvor habe ich dir ihren Namen nicht genannt ...

Du hattest ihn mir genannt, als ich ein kritisches Porträt von dir für die Zeitschrift *Belfagor* schrieb ... Ah ja, sie schrieb Gedichte und arbeitete beim Verlag Dall'Oglio. Insofern war ich fest eingebunden in ein literarisches Umfeld. Schreiben schien geradezu eine Pflicht zu sein.

Folglich war es bei dir kein innerer Drang, keine ureigene Notwendigkeit. Nein, es war ein Nacheifern.

Aber es stimmt auch, dass du längst einige Ideen hattest, worüber du schreiben wolltest. Hast du in der Zeit des Gymnasiums nie einen Versuch unternommen, hast du es nie ausprobiert? Nein, nie.

Wie lange dauerte dieser Zeitabschnitt, von dem du gerade erzählst? In Balangero bist du bis Juni 1942 geblieben? Ja, und in Mailand bis zur Katastrophe, bis zum 8. September 1943.

Und am 8. September, warst du da in Cogne? Nein, nein, da war ich bereits in Mailand.

Wie war das Arbeitsklima bei der Firma Wander? Viel mehr, als was ich im Kapitel *Phosphor* geschrieben habe, kann ich nicht sagen, ja mir scheint, bereits zur Genüge darüber gesprochen zu haben. Es war ein sehr steriles Ambiente. Es gab da diese Freundin, die ich auf immer ins Herz geschlossen habe und die – das habe ich nie geschrieben – schwer körperbehindert ist, das war sie immer schon, sie ist so geboren, aber sie hat trotzdem ein erfülltes Leben gehabt.

Auch deswegen hast du dich so sehr um das Mädchen gekümmert, die in einer eisernen Lunge lebt, wie heißt sie nochmal? Du meinst Rosanna Benzi? Nein, sie war es, die mich kontaktiert hat. Sie ist wahrlich ein einzigartiger Fall.[63]

Das, sagtest du, dauerte bis zum 8. September. Und dann? Sofort, also mit dem Eintreffen der Deutschen in Mailand, ich meine, es war der 10. September, bin ich hierher zurückgekehrt, wo meine Familie in die Nähe von Superga (vor den Toren Turins, d. Ü.) evakuiert war. Mein Großvater besaß einen Gutshof, ein halbes Kloster war das, und die gesamte Großfamilie hatte dort ihr Lager aufgeschlagen. So haben wir uns wiedergefunden und überlegt, was zu tun wäre, und meine Mutter, meine Schwester und ich haben beschlossen, ins Aosta-Tal zu gehen, wo wir Bekannte hatten, und dort, in Saint-Vincent, hat man uns eine Unterkunft, eine Herberge, mitten im Nirgendwo auf dem Col di Joux empfohlen, die noch immer existiert, nur dass es heute auch eine Straße dorthin gibt! Damals gab es keine, und es galt, tausend Meter Steigung zu überwinden. Meine Mutter, meine Schwester und ich haben uns also dort häuslich eingerichtet und abgewartet, was auf uns zukommen würde. Dann trafen nach und nach von allen Seiten Soldaten ein, unter denen war auch ein Schulfreund, ein Jahr jünger als ich.

Vom D'Azeglio? Vom D'Azeglio. Wir haben uns eine Zeitlang ignoriert, bis uns die Komödie des Sich-Nicht-Kennen-Wollens zu dumm wurde, und so hatten wir den Einfall, uns als Partisanen zu bekennen. Aber alles war so prekär, so grobschlächtig, so primitiv, wir hatten ja keinerlei Kontakte. Wir waren der Meinung, dass etwas geschehen müsse, wir zu den Waffen greifen sollten, aber wir hatten keine Waffen. So knüpften wir Kontakte und haben rund ein Dutzend junger Burschen um uns geschart, die genauso blauäugig waren wie wir. Es gab nur einen einzigen, der ein paar militärische Erfahrungen hatte.

Was waren das für Jungs? Solche, die sich zum Militärdienst hätten melden sollen, es aber nicht taten, einer war Jude.

Und die habt ihr woher zusammengeholt? Sie waren es, die zu uns kamen, sie kamen hoch zu unserer Unterkunft, sie waren auf der Suche nach einem Unterschlupf.

Wie hieß der Ort? Er hieß Amay. Es ist keine Herberge, es ist ein Weiler, bestehend aus fünf Häusern.

Das gibt es noch, und du bist noch einmal dort gewesen? Ja.

Nun, du sprachst von den jungen Männern, die dorthin kamen, auf der Suche nach einer Lösung. Auch sie hatten vage Ideen davon, sich zu bewaffnen und Widerstand zu leisten. Einige hatten einen Revolver, später haben wir auch eine Maschinenpistole gefunden, ich erinnere mich nicht mehr, wer sie mitgebracht hat. Alles war extrem undurchsichtig.

Wenngleich mit unklaren Vorstellungen, aber immerhin wolltet ihr eine kleine Partisanenbande bilden. Ja.

Und ihr suchtet auch Kontakte, um euch anderen anzuschließen? Ja, ja, nach denen suchten wir und waren auch im Begriff, welche zu finden. Dann kam uns dazwischen, dass eine große, gut organisierte Bande aus dem Nachbartal, dem Val d'Ayas, die Kaserne von Ivrea überfiel und Gefangene machte, einige davon auch getötet hat, so meine ich zu erinnern, und daraus erwuchs dann eine Vergeltung im großen Stil. Dreihundert Soldaten aus Ivrea sind aufgebrochen und haben ein Zangenmanöver durchgeführt. Bis nach Saint-Vincent sind sie hochgekommen und so haben sie auch uns gefunden.

Sie haben euch alle unbewaffnet angetroffen? Absolut unbewaffnet.

Geschah das bei Tag, bei Nacht? Es war im Morgengrauen.

Und ihr lagt noch im Bett? Ja, wir waren im Bett.

Und was ist dann passiert? Dann haben sie einige von uns gefangengenommen. Einigen anderen, die rechtzeitig gewarnt worden waren, gelang die Flucht. Ich war im Bett, hatte einen Revolver bei mir, den sie nicht gefunden haben. Sie haben mich nach Aosta gebracht und in Aosta haben sie mich ausgefragt, was ich denn dort oben machte, was ich dort zu tun gedachte, und ich habe gesagt, dass ich Jude sei. Aus Dummheit habe ich ihnen das gesagt.

Was hat dich getrieben, das zu sagen? Das lässt sich nur schwerlich rekonstruieren. Zum einen hatte ich gefälschte Papiere, derart gefälscht, dass ...

Du hast also nicht standgehalten? Sie selbst waren es doch – die Faschisten, nicht die Deutschen – die sagten: »Wenn du Partisan bist, erschießen wir dich, aber wenn du Jude bist, schicken wir dich nach Carpi, in das Sammellager, und dort bleibst du bis zum Kriegsende.« Und auch aus Dummheit, aus Blindheit heraus, aber wie ich dir sagte, im Nachhinein ist es einfach, das zu sagen ... Ich hatte geglaubt, dass die Regierung von Salò eine stabile Regierung ohne Einmischung seitens der Deutschen sei ... Wie ließe sich in die Zukunft schauen ... Und dann gab es auch einen gewissen Stolz.

Genau das wollte ich dich fragen. War da auch ein gewisses Zugehörigkeitsgefühl mit im Spiel? Wenn nötig, sind auch wir imstande, wollen auch wir uns verteidigen. Überdies hätte ich mir eine militärische Abteilung, zu der ich gehören sollte, erfinden müssen, und ich wusste nicht wie. Ich war im wehrfähigen Alter, befand mich in einem militärischen Umfeld, warum also war ich kein Soldat? Dafür musste es ja einen Grund geben.

Weshalb hattest du keinen Militärdienst geleistet?
Aufgrund der Rassengesetze.

Wie lange wurdest du in Aosta festgehalten? Ich blieb dort ab dem 13. Dezember, dem Tag, an dem sie mich gefangengenommen haben, bis zur Deportation, die du in meinen Büchern findest. Ich meine, das war der 22. Februar.

Immer in Aosta? Nein, nein, in Aosta bin ich ungefähr einen Monat geblieben, in der Kaserne, in den Kellerräumen des Gefängnisses.

Da wird es sehr kalt gewesen sein. Ja, es war kalt.

Wurdet ihr ausreichend versorgt? Es gab Gefängnisverpflegung, sie brachten uns mittags und abends eine Suppe, eine Stunde Freigang, der Kübel.

Eine Einzel- oder Gemeinschaftszelle? Zuerst waren wir für einige Tage zusammen, dann haben sie uns getrennt.

Warst du in Isolationshaft? Ja, ich war isoliert.

Denkst du, dass sie das getan haben, um zu vermeiden, dass ihr euch austauschen könntet? Ja, das ist die Erklärung dafür.

Und dann, nach einem Monat, haben sie dich nach Fossoli (bei Carpi; heute eingemeindet, d. Ü.) geschafft? Wie seid ihr dorthin gekommen? Mit dem Zug. Ich habe versucht, einen Carabiniere zu bestechen. Für den Transport hatten sie uns den Carabinieri anvertraut, ich habe versucht, einen von ihnen zu bestechen, doch es misslang.

Hat er dich böse zurückgewiesen? Hm, er hat kurz überlegt, dann hat er Nein gesagt, er traute der Sache nicht.

Wie waren die Beziehungen zu den Lagerwärtern? Sagen wir so, sie waren korrekt, sie ließen viele Dinge zu, sie hatten sogar einige von uns, die zum Zahnarzt mussten, nach Modena begleitet. Es war ein korrektes Regime, und alles ließ darauf schließen, dass es tatsächlich bis zum Kriegsende so hätte weitergehen können. Stattdessen ist kurz vor der Deportation, das heißt Mitte Februar, die SS aufgetaucht, hat die Italiener aus dem Lagerkommando rausgeworfen und uns wenige Tage später verladen.

Wie war dieses Sammellager logistisch ausgerichtet? Es existiert heute noch. Es gab gemauerte, einigermaßen hygienische Baracken, mit einer Zentralküche, das Wetter war gut.

War das Lager sehr weitläufig? Nein, nein, es war einen halben Quadratkilometer groß, ein ehemaliges Lager für englische Kriegsgefangene.

Und was hattest du für Aufgaben? Machtest du etwas? Nein, nichts.

Die Organisation zielte auf Freiwilligenarbeit? Saubermachen, Küchendienst? Ja, es gab Freiwillige für die Arbeiten in der Küche, fürs Saubermachen. Wenn ich mich nicht täusche, übernahm ich einige Male das Reinigen.

Und in der übrigen Zeit? Nichts.

Wortwörtlich nichts? Zirkulierten nicht einmal Bücher? Doch, nein, das habe ich ja ganz vergessen, ich war in die Rolle des Lehrers geschlüpft, ich unterrichtete die Kinder in Italienisch, Latein und Mathematik.

Und das hast du die ganze Zeit über getan? Unterhieltest du eine Art Schule? Eine kleine Schule.

Wart ihr zu mehreren, oder hast du das ganz alleine bewerkstelligt? Wir waren zu zweit oder zu dritt.

Den Unterricht hattet ihr organisiert, um dem Bildungsnotstand beizukommen? Ja, all das eben im Irrglauben, die Sache sei von Bestand.

Und die Bücher, die Hefte, hattet ihr die durch einen glücklichen Zufall gefunden, oder gab es die Möglichkeit, sie sich offiziell zu besorgen? Man konnte Bestellungen aufgeben, direkt vom Gefängnis aus durfte man sie bestellen, in Modena.

Gab es jemanden, dem es gelungen war, sich einen Stützpunkt für die Flucht zu schaffen? Aus Fossoli ist niemand ausgebrochen. Man dachte, es wäre nicht nötig, und dann waren wir doch alle brave Bürgersöhne. Es hätte eines großen Abenteurergeistes bedurft, aber ich glaube nicht, dass Fliehen unmöglich war. Wir waren alle, oder fast alle, mit unseren Familien da. Allein zu fliehen und Freunde oder Verwandte zurückzulassen, das schien als etwas ... Aber meinerseits keinen Fluchtversuch unternommen zu haben, das muss ich zu den vielen falschgelaufenen Dingen rechnen.

Fliehen, um wohin zu gehen? Nun, das war kein großes Problem. Einmal draußen, konnte man nach Modena gehen, zu einem Priester, andere Kontakte suchen.

Apropos zwischenmenschliche Beziehungen, hast du in Fossoli jemanden kennengelernt? Kroatische Juden, die sehr sympathisch, sehr mutig und sehr weitblickend waren und uns gesagt haben: »Hier kommt keiner raus.«

Über Fossoli hast du nicht viel in deinen Büchern berichtet.
Ich habe da Hemmungen ... Bedenken.

Du hast viel mehr über das Lager als über Fossoli erzählt.
Sicher doch, ich habe da meine Widerstände. Und auch wegen dieser Frau, von der ich dir erzählte.

Also machen wir einen Quantensprung. Versuchen wir, über die Zeit nach dem Lager zu sprechen, versuchen wir das Thema Beschäftigungsverhältnisse, Arbeit wieder aufzunehmen. Also danach habe ich ziemlich schnell Arbeit bei der Firma Duco di Avigliana, die zur Montecatini gehörte, gefunden. Es war ein abstoßender Ort. Ein wuchtiges, beschädigtes Gebäude, wo immer mächtiger Durchzug herrschte, wo sich keiner um mich kümmerte, bis zu der Episode, die ich in *Chrom* erzählte.

Was hattest du dort für eine Stelle? Ich war Chemielaborant.

Du hast davon erzählt, du nahmst den Zug ... Manchmal fuhr ich auch mit dem Rad. In meiner Zeit in Avigliana habe ich mich verlobt.

Und das ist das Beste an dieser Zeit. Wie lange bist du bei der Duco geblieben? Von Februar 1946 bis Juni 1947.

Und was hat dich dazu gebracht, diese Stellung aufzugeben? Was mich dazu getrieben hat, die Firma zu verlassen? Der Wahnsinn, das heißt der neuerliche Vorschlag von Alberto Salmoni, uns zusammenzutun. Auch das ist ein Fehler. Eigentlich darf ich nicht sagen, dass es ein Fehler war, denn wäre ich bei der Duco geblieben, wäre ich nach Codogno versetzt worden und hätte die ganze elende Karriere bei der Montecatini, bei der Montedison, gemacht; ich hätte in Codogno sesshaft werden müssen und hätte dann jene Stelle bei der Siva[64] nicht angenommen, welche für mich eine glückliche Fügung war.

Es ist immer schwierig, einen Fehler bei der Einschätzung zu beurteilen. So ist es geschehen.

Die neuerliche Erfahrung mit Salmoni stand auf etwas solideren Grundlagen als die vorherige? Ein wenig besser ja, etwas haben wir verdient, etwas haben wir erreicht.

Und wo befanden sich dieses Mal die Räumlichkeiten? In der Via Massena 43 ... nein, es war die Straßenseite mit den geraden Nummern, es war die 42.

Wie viele Räume? War es eine Wohnung? Ein Zimmer und ein Balkon, plus eine Nutzung der anderen Zimmer, falls nötig.

Und die Gerätschaften? Habt ihr da halbe-halbe gemacht? Hast du deinen Teil eingebracht? Ich hatte nichts, ich hatte gerade einmal mein Gehalt. Alberto Salmoni hat alles finanziert. Mir reichte nicht einmal mein Gehalt, und so habe ich, als dann das Angebot von der Siva kam, sofort zugesagt.

Ich dachte, ihr hättet eine Gesellschaft gegründet. Ich hatte kein Geld.

Und er, was hat er danach gemacht? Hat er den Laden dichtgemacht? Auch er hat mit der Sache abgeschlossen. Er hat sich noch ein paar Monate so dahingeschleppt, dann hat auch er eine Anstellung gefunden.

Wer hat dir die Stelle bei der Siva angeboten? Bei der Siva hat der Vater eines Freundes, der Ingenieur Norzi, seinerseits ein Freund des Inhabers, den Vermittler gespielt.

Der Inhaber der Siva ist ... Federico Accati, der einen jungen Chemiker suchte und mir umgehend die Stelle gab.

Hast du gleich in der Position eines Direktors gearbeitet? Nein, ich bin als letztes Rad am Wagen, als Chemielaborant, dort eingetreten.

Und das geschah wann? Das war im Jahr 1947, nein, es war Februar 1948.

So haben deine Fahrten nach Settimo[65] begonnen ... Nein, zu jener Zeit war die Siva in Turin, am Corso Regina Margherita.

Auf welcher Höhe? In der Nähe der Stelle, wo man schießt, im äußersten Westen, beim (Schießübungsplatz, d. Ü.) Martinetto.[66] Bis 1955 blieb die Siva dort, dann ist sie nach Settimo umgezogen, und ich mit ihr.

Zu dem Zeitpunkt warst du bereits in der Karriereleiter aufgerückt? Ich war mittlerweile technischer Direktor, mein Vorgänger war verstorben.

Wie hieß er? Osvaldo Gianotti. Er war ein alter Chemotechniker, so alt wie ich jetzt, mir kam er damals steinalt vor.

Also bist du technischer Direktor geworden. Was ist der Unterschied zwischen einem technischen Direktor und einem – ich stelle mir das so vor – Verwaltungsdirektor? Nun, dann gibt es noch den Generaldirektor. Technischer Direktor bedeutet praktisch: der Verantwortliche für die Produktion.

In welchem Jahr bist du dann Generaldirektor geworden? 1961.

Und du bist bis zu deiner Pensionierung dort geblieben. Ich bin 1975 in Rente gegangen und war noch zwei Jahre als Berater tätig.

Als die Firma 1955 nach Settimo umzog, wie bist du dorthin gelangt? Es gibt ein Gedicht, *Via Cigna*, das davon spricht.[67] Ich bin immer mit dem Wagen gefahren, nicht ein einziges Mal habe ich die öffentlichen Verkehrsmittel benutzt.

Was für ein Auto hattest du? Ich meine, das erste Auto
Mein erstes Auto war ein Fiat-Kombi, dann hatte ich einen Appia, einen Fulvia und schließlich einen Autobianchi.

Alles keine Großzylinder, wie es scheint. Nein, der mit der größten Zylinderzahl war der Fulvia gewesen.

Ein ganzes Leben in der Fabrik verbracht. Dreißig Jahre, von 1947 bis 1977.

Das sind die zentralen Jahre der Reife. Wie sieht es mit deinen Erinnerungen an diese Zeit aus? Zum Teil hast du in deinen Erzählungen darüber gesprochen, aber wenn du eine Vorstellung von einem typischen Tagesablauf vermitteln solltest? Ich traf dort ein, drehte eine Runde durch sämtliche Abteilungen, um zu kontrollieren, ob alles gut lief ...

Aha, verzeih die Unterbrechung, aber warst du immer schon ein Frühaufsteher? Ja.

Und du standest gerne auf? Das Frühaufstehen war eine Gewohnheit. Schon um acht Uhr musste ich in Settimo sein.

Also der Arbeitstag begann um acht Uhr. Ich drehte meine Runde durch die Abteilungen, ließ mir Bericht erstatten, wie die Nacht verlaufen war, denn es wurde ja auch in Nachtschichten gearbeitet, dann machte ich die Post auf, beantwortete Briefe, empfing Vertreter. Ich aß vor Ort zu Mittag, es gab eine Kantine. Verschiedenes, Ärger jeglichen Couleurs. Oft verbrachte ich den Tag im Labor, um die Formel für neue Lackierungen zu finden, denn das Labor habe ich nie gänzlich aufgegeben.

Neigst du dazu, dich auf die Arbeit der anderen zu verlassen? Ich hatte ziemlich wenig Vertrauen in die Arbeit der anderen, zumindest anfangs war es so. Dann, das war 1965, haben wir einen anderen Chemiker angestellt, jünger als ich und deshalb eher auf dem neuesten Stand. An ihn habe ich sehr viele Dinge delegiert. Ich habe in jenem Zeitraum öfters Reisen unternommen, am Anfang noch zusammen mit dem Fabrikbesitzer in seinem Wagen, er war geradezu besessen von großzylindrischen Autos.

Verspürtest du dabei ein wenig Angst? Nein, überhaupt nicht. Er fuhr sehr gut. Die Reisen gingen vorwiegend nach Deutschland, aber auch nach Spanien, sogar bis Norwegen sind wir gekommen, alles im Auto, wo ich den Dolmetscher und den Sekretär spielte, denn ich musste Deutsch und Englisch sprechen. Das sind alles ziemlich angenehme Erinnerungen. Dieser Chef, zu dem ich in der Fabrik eine rein funktionelle Beziehung unterhielt, wurde unterwegs äußerst gesellig, kameradschaftlich, freundlich, sogar nachsichtig. So hat er mir hin und wieder einen Umweg gestattet, um beispielsweise in Frankfurt mit dem deutschen Verleger[68] von *Ist das ein Mensch?* zu sprechen.

Und wertschätzte er das, was du als Schriftsteller tatst?
Ja, aber im Stillen, er sprach sehr wenig darüber.

Vielleicht weil er dich damit in Verlegenheit gebracht hätte? Instinktiv hielt er die beiden Dinge getrennt: Du bist Chemiker, also gib den Chemiker ab, das ist meine Zeit, die ich dir bezahle.

Als ihr dann wieder zurück wart, stellte sich erneut die gewohnte Beziehung ein. Ja.

Gab es nichts Freundschaftlicheres? Nur für kurze Zeit.

Die Reisen in die Sowjetunion hast du mit ihm gemacht?
In den letzten Phasen bin ich ziemlich viel auch alleine gereist, sowohl nach Deutschland als auch nach Russland. Ich war mit einer Dolmetscherin-Sekretärin unterwegs, auch sie war eine Freundin von mir. Sie war sehr tüchtig und unterhielt, sagen wir es so, diplomatische Beziehungen zu den Russen.

Deutschland, England, Norwegen, Sowjetunion ...
In Deutschland viele Male, mindestens zwanzig Mal war ich dort, in England drei oder vier Mal, ein Mal in Spanien, ein Mal in Norwegen, drei Mal in Russland, ein Mal in Österreich.

Wie verlief das erste Mal in Deutschland? Das war 1951, wenn ich mich nicht irre.

Das hat doch eine besondere Wirkung auf dich gehabt?
Ja, die Wirkung war besonders. Es gab noch immer Trümmerhaufen, und ich bin nur ungern dorthin gefahren, mir kam es vor wie ein Fehler, und nicht an der Zeit, Geschäfte mit den Deutschen auszuhandeln.

Verweilen wir noch einen Moment bei der Firma. Gab es dort denkwürdige Persönlichkeiten? Ich hatte eine unkomplizierte Freundschaft mit dem Vorarbeiter, einem jungen Mann aus Verolengo. Eine hervorragende Person: mutig, intelligent, dienstbeflissen, imstande, mit den Arbeitern zu verhandeln, er beherrschte den Dialekt. Er ist auf tragische Weise ums Leben gekommen, nämlich durch den Sturz von einem Gerüst, aber nicht in der Fabrik.

Hat er dich zu der Figur des Faussone[69] inspiriert? Nein.

Wer hat dich dann zu dieser Figur inspiriert? Hinter der stecken mehrere Monteure, mit denen ich in Kontakt stand, und insbesondere Monteure einer Schwesterfabrik der unsrigen, die demselben Besitzer gehörte und noch heute existiert. Sie heißt Sicme mit Sitz in der Via Cigna in Turin; dort werden Anlagen für die Emaillierung von Kupferdrähten montiert, und dort arbeiteten die Monteure, mit denen ich mich unterhielt: Die Idee zu Faussone ist dort geboren.

Hattest du als Direktor Beziehungen zu den Arbeitern, oder gab es gewisse Filter? Zu einigen hatte ich ganz direkte Beziehungen, das waren meine ganz eigenen, zu anderen verliefen die Beziehungen über jenen Vorarbeiter.

Hattest du, wie es im Militärleben heißt, eine Neigung zum Kommandieren? Die war bei mir noch nie besonders ausgeprägt, ich gab das Kommando an diesen Vorarbeiter weiter.

Erinnerst du dich an irgendwelche traumatischen Geschehnisse, will sagen, an menschliche Ereignisse, die dich in Schwierigkeiten gebracht haben? Es fällt mir nicht ganz leicht, mich da an etwas zu erinnern. Es gab Arbeiter mit schwerwiegenden häuslichen Problemen, einen, der Diebstähle beging.

In der Fabrik? Ja.

Fiel es dir schwer, entsprechend zu reagieren? Ja, ich habe ihn entlassen müssen. Ich habe sehr oft, wenn ich einen beim Rauchen erwischte, darüber hinweggesehen. Rauchen war verboten, manchmal tat ich so, als sähe ich nichts.

Wie viele Arbeiter waren es? Bis maximal siebzig, aber am Anfang, am Corso Regina Margherita, waren es sieben.

Es ist noch immer ein ertragreiches Unternehmen?
Die Fabrik ist heute nur noch halb so groß, aber der verbliebene Teil läuft recht gut, und es stehen dort noch immer Anlagen, die ich konstruiert habe.

Wenn du Probleme in der Fabrik hattest, warst du dann einer, der diese mit nach Hause nahm? Ja.

Gelang es dir nicht, damit abzuschließen Nein. Sie riefen bei mir zu Hause an, ich weiß nicht mehr, manchmal sogar nachts. Mehr als ein, zwei oder drei Mal musste ich nachts in die Fabrik fahren, um mir ein Bild zu machen, Maßnahmen zu ergreifen. Ich erinnere mich noch daran, als mein Sohn geboren wurde, das war 1957, und er ist um vier Uhr in der Früh zur Welt gekommen, aber um sieben Uhr war ich bereits in Settimo, denn es hatte gehagelt, und es gab ich weiß nicht mehr was für ein Schlamassel. Ich war ein gewissenhafter Typ.

Das bezweifle ich nicht. Aber hast du in all den Jahren in der Fabrik nie mit dem Gedanken gespielt, zu wechseln, etwas anderes zu machen? Dich beispielsweise selbstständig zu machen? Mich selbstständig machen, nach den Erfahrungen, die ich hinter mir hatte, das nicht. Ganz entschieden, nein. Ich habe nicht die Natur des Industriellen. Ich sehnte die Jahre der

Pensionierung herbei, denn ich hatte genug von alledem, vor allem von jenen nächtlichen Anrufen. Von dem Unglücksfall habe ich dir bereits erzählt?

Von dem Feuer, das ihr glaubtet zu löschen, indem ihr entflammbares Material hineinwarft? Aber du führtest ja auch ein Leben, für das du dich zweiteiltest. Wie ich nur die Energie gefunden habe, um all diese Dinge zu tun, frage ich mich, es ist mir ein Rätsel.

Mir auch. Und doch habe ich den gesamten Roman *Die Atempause* zwischen 1961 und 1962 geschrieben.

Schriebst du auch in der Fabrik, in den Pausen? Ich schrieb immer zu Hause, ich schrieb nach dem Abendessen, ich fand die Lust und die Kraft dafür.

Ziemlich verwunderlich eben. *Das periodische System* habe ich geschrieben, als ich erfuhr, dass ich in Rente gehen würde. Zuvor konnte ich einfach nicht, ich konnte nicht über die Fabrik reden, davor hatte ich Hemmungen.

Nachwort

Die Chemie des Romans

Von MAIKE ALBATH

Primo Levi hält ein Spielzeugauto in den Händen. Die Kamera fokussiert zuerst seine Finger, die mit der Geschicklichkeit eines Uhrmachers in das Fahrzeug hineingreifen, es drehen und wenden. »Levi, was treibst du da?«, dröhnt eine Stimme mit unverkennbar römischer Kadenz aus dem Off. Jetzt schaut der Schriftsteller auf: »Ich versuche, ein Modellauto meines Sohnes zu reparieren«, gibt er höflich Auskunft. Der flamboyante Reporter des italienischen Fernsehens RAI, Luigi Silori, Moderator beliebter Literatursendungen und berühmt für seine Fähigkeit, die Gäste durch seine informelle Art zum Reden zu bringen, ist sichtlich um eine entspannte Atmosphäre bemüht. Sein Sohn sei ein Fanatiker, was Spielzeugautos angehe, erklärt Primo Levi mit einem zurückhaltenden Lächeln. »Du auch?«, hakt Silori nach. Levi wehrt ab, nein, nein, er nicht. Pause. »Wollen wir ein bisschen plaudern?«, fragt der römische Gast weiter. »Natürlich gern«, sagt der Schriftsteller, aber in den ersten Minuten dieses TV-Porträts spricht vor allem der Interviewer. Levi, untadelig in Anzug und Krawatte gekleidet, glattrasiert, die dunklen Haare zurückgekämmt, strahlt eine eigentümliche Mischung aus Gehemmtheit und Selbstgewissheit aus. Er reagiert mit Einwortsätzen auf die Anwürfe Siloris. »Was soll ich dich fragen? Alle wollen wissen, warum du Schriftsteller bist. Also frage ich dich mal, warum du als Chemiker arbeitest?«, nimmt Silori die Sache wieder in die Hand. »*Per vivere*«, erwidert Levi. »Für meinen Lebensunterhalt«, wobei die wortwörtliche Bedeutung der

Antwort »um zu leben« Levis einschneidendste autobiografische Erfahrung umreißt. Dass Levi Auschwitz überlebt hatte, verdankte er seinem Chemiestudium.

In dem frühen Fernsehstück, das 1963 produziert wurde und eines der ersten Interviews mit dem Schriftsteller überhaupt ist, vermittelt sich Levis Schüchternheit über seinen Körper. Er sitzt regungslos am Tisch, formuliert in sorgfältigen Sätzen ohne jedes Zögern, ohne Füllsel oder Ähs, seine Antworten. Er gestikuliert nicht, was auf einen italienischen Zuschauer ganz und gar ungewöhnlich wirkt. Levi hat eine schöne Stimme: Ein angenehmer Bariton füllt das mit Bücherregalen ausgestattete Arbeitszimmer am Corso Umberto 75 in Turin. Nicht zu überhören ist sein starker piemontesischer Akzent, den er in den folgenden Jahren immer wieder versuchen wird abzuschleifen, ohne großen Erfolg: Das *ci*, also »tschi«, klingt oft eher wie ein »tsi«. Bemerkenswert sind die amüsierte Ruhe und die Ernsthaftigkeit, mit der sich der Schriftsteller dem Journalisten zuwendet. Bemerkenswert sind außerdem seine Augen. Sie sind das Lebendigste an Levi und scheinen seine beobachtende Anteilnahme zu bündeln, seine nie versiegende Neugier.

Als Primo Levi im Frühjahr 1963 das Fernsehteam der RAI bei sich zu Hause empfängt, ist er 43 Jahre alt. Es ist ein guter Moment. In seinem Brotberuf bei der Lackfabrik Siva in Settimo Torinese seit Jahrzehnten etabliert, hat er endlich auch als Schriftsteller breitere Anerkennung gefunden und sich selbst bewiesen, dass er nicht nur als Auschwitz-Überlebender und Verfasser eines einzigen, wenn auch bedeutsamen Buches in die Literaturgeschichte eingehen würde. Er ist offenkundig zu weiteren erzählerischen Werken in der Lage. Sein Verlag Einaudi hatte gerade *Die Atempause* veröffentlicht, eine Art Fortsetzung des bedrängenden Zeugnisses aus dem Lager *Ist das ein Mensch?*, allerdings ungleich heiterer und mit pikaresken Elementen angereichert. Fast zwanzig Jahre nach der Rückkehr geschrieben, schildert es die abenteuerliche Odyssee quer durch Polen, Weißrussland, die Ukraine, Rumänien und Österreich bis nach Italien. Schon nach wenigen Wochen zeichnet sich ab, dass der neue Roman zu einem bahnbrechenden Erfolg werden würde. Er verhilft auch *Ist das ein Mensch?*, das ohnehin erst 1958 in der Einaudi-Ausgabe einem breiteren Publikum bekannt geworden war, zu noch größerer Publizität. Außerdem waren mittlerweile in mehreren Ländern Übersetzungen des Erstlings erschienen, die für Aufmerksamkeit gesorgt hatten, darunter in Deutschland, was dem Schriftsteller besonders viel bedeutete. Etwas verwundert nimmt er das neue Interesse an seiner Person zur Kenntnis.

Im Verlauf der Jahre wird der Turiner Schriftsteller dann zu einem Experten im Genre des Interviews. Die mündliche Erzählform passte zu ihm; sie ist Teil seiner Ästhetik – oder sogar ihr Ursprung. Immer wieder, wenn es um die Entstehungsgeschichte von *Ist das ein Mensch?* geht, betont Levi, dass alles mit einem Erzählzwang seinen Anfang nahm: Die unbedingte Notwendigkeit, Zeugnis ablegen zu müssen von dem, was Menschen anderen Menschen antun können. Nach seiner Rückkehr aus dem Lager habe er unablässig sprechen müssen, das Monströse in Worte fassen, seinen Angehörigen gegenüber, seinen Freunden, aber auch Unbekannten im Zug oder in der Straßenbahn. »Heimkehren, essen, erzählen«, lautete der Dreiklang. Später sollte Levi *Ist das ein Mensch?* noch ergänzen durch ein hochinteressantes, aufschlussreiches und bis heute sehr lesenswertes Selbstinterview, das er auf der Basis zahlreicher Diskussionen mit Schülern entworfen hatte. Es seien Fragen, die man ihm besonders oft stelle. Die über zweihundert Interviews, von denen ein repräsentativer Querschnitt 1997 auch in *Gespräche und Interviews* veröffentlicht wurde, bilden eine Unterabteilung im

Kosmos seiner literarischen Werke. Levi tritt als eigener Interpret in Aktion, als Deuter seiner selbst. In den zahlreichen Ton- und Filmdokumenten fällt immer wieder der geschliffene Charakter seiner Ausdrucksweise auf – er spricht druckreif, nuancenreich und präzise. Es sind Formulierungen von jemandem, der es gewohnt ist, über sich selbst Auskunft zu geben. Gleichzeitig fehlt die Inszenierung dessen, was der Gegenstand seiner Rede ist. Keine Dramatisierung, keine sicher gesetzten Pointen, keine doppelten Böden, sondern eine ruhige, gemessene Tonlage in langen Satzketten, bei denen er nie über die Syntax stolpert, sich nicht in Nebensätzen verliert. Nicht einmal die Lautstärke variiert. Es ist der immer gleiche ruhige piemontesische Singsang.

Der Literaturkritiker und Sprachwissenschaftler Giovanni Tesio, 1946 im Piemont geboren, kommt im Januar 1987 in den Corso Umberto 75 und nimmt an, es sei der Auftakt zu einer Serie von Verabredungen. Er ist damals vierzig Jahre alt, kannte Levi, wie er in seiner Vorbemerkung zu diesem Gespräch erzählt, seit 1977 und hatte bereits mehrere Unterhaltungen mit ihm geführt, meist über philologische Fragen. Als Resultat einer früheren Begegnung hatte er einen Aufsatz über die Varianten der beiden Fassungen von *Ist das ein Mensch?* veröffentlicht und offenkundig das Zutrauen des Schriftstellers gewonnen. Levi schätzte den jungen Mann und ließ den Kontakt nie abreißen. Für den Schriftsteller war es nicht ungewöhnlich, interessierte Schüler, Studenten oder Wissenschaftler zu sich nach Hause einzuladen und bereitwillig mit ihnen zu sprechen. Tesio hatte sich außerdem um piemontesische Themen verdient gemacht, etliche Anthologien und Monographien herausgegeben. Vielleicht rührte Levi die Zukunftsgewissheit des jüngeren Kollegen, vielleicht brauchte er ein Projekt, das ihn in irgendeiner Form an die Gegenwart zu binden vermochte, und sei es durch die banale Tatsache, eine bestimmte Verabredung einhalten zu müssen. Er ernannte Giovanni Tesio zu seinem offiziellen Chronisten. Wenn man das Interview heute zur Hand nimmt, fällt auf, wie ungeschützt Levi von sich erzählt und, anders als sonst, seltener auf feste Formeln zurückgreift. Bei den Treffen mit Tesio kommt es zu Momenten, in denen sich seine Fragilität offenbart. Er gerät ins Schleudern. Es tun sich vielsagende Lücken auf, die aber als solche benannt werden. Auch aus diesem Grund handelt es sich bei Tesios Gespräch, das nie publiziert wurde und in Italien 2016 herauskam, um eines der schönsten, die es mit Levi gibt.

Was für ein Ort ist Turin, als Primo Levi am 31. Juli 1919, drei Jahre vor Mussolinis Marsch auf Rom, geboren wurde? Schnurgerade Straßen mit barocken Palazzi und weitläufigen Arkaden, die sich immer wieder auf Plätze öffnen, so bietet sich die Stadt ihren Bewohnern dar. Levi liebte Turin und betonte häufig seine Schönheit. »Turin ist logisch, weiträumig, selbstbeherrscht«, beschrieb er es, und er sprach von der Nützlichkeit der Bogengänge bei Regen, der einen nie vom Spaziergang durch die Straßen abzuhalten braucht. Für Levi besteht eine tiefe Korrespondenz zwischen der äußeren Erscheinungsweise der Stadt und dem zurückgenommenen, introvertierten Charakter der Turiner. Die kühle Linearität des symmetrisch aufgebauten Zentrums wird allerdings immer wieder durch Springbrunnen und verspielte Parks durchbrochen, und selbst die Fassaden der Häuser sind bis ins Detail durchkomponiert. Die savoyischen Könige hatten schon im frühen 17. Jahrhundert extra eine Behörde eingerichtet, die über die architektonische Geschlossenheit und die Formensprache Turins wachte. In der Nähe des Corso Umberto in der Crocetta, wo die meisten Verwandten von Primo Levi wohnten, gab es nicht nur viele elegante Wohnhäuser mit kleinen Türmen, verziert von Rokokoschleifen, sondern auch strengere klassizistische Gebäude und sogar neuartigere Liberty-Stadtvillen mit opulenten Blumenornamenten an den Fassaden. Man merkt, dass die Besitzer etwas auf sich hielten, viel Geld für Architekten ausgaben und sich an Paris orientierten. Auch Primo Levis Großvater ließ sich nicht lumpen und stattete seine Tochter, 1895 geboren, zur Hochzeit mit einer Wohnung am Corso Umberto aus. Von seinem Ingenieursgehalt hätte Levis Vater, Jahrgang 1878, den Kauf nicht bestreiten können; überhaupt ging die finanzielle Sorglosigkeit der Familie auf den Reichtum seines Schwiegervaters zurück. Der Corso Umberto pflegt eher das – ebenfalls typische – großbürgerliche Understatement der Turiner: Es sind weitläufige Gebäude aus der Zeit der Jahrhundertwende. Der Eingang von Nummer 75 mit der Portiersloge, dem Marmorfußboden und den stabilen Briefkästen auf der rechten Seite strahlt Gediegenheit aus. »Es hat fast keine Verzierungen, abgesehen von ein paar Jugendstilanklängen an den Fensterfriesen und den Holztüren, die aufs Treppenhaus gehen«, beschreibt Levi sein Geburtshaus, aus dem er nie auszog, in einem Feuilleton für die Tageszeitung *La Stampa*. »Es ist schmucklos und funktional, nichtssagend und solide.« Ein Besucher fände die Wohnung sicherlich symptomatisch für die Zurückgezogenheit ihrer Besitzer, aber mehr als Platz, Wärme, Bequemlichkeit und Abgeschiedenheit habe er nie gebraucht. »Ich bewohne meine Wohnung wie das Innere meiner Haut: Ich weiß von schöneren, größeren, zäheren, malerischeren Häuten, aber es käme mir unnatürlich vor, sie mit meiner Haut vertauschen zu wollen«, schließt Levi seine Glosse ab. Ein Motiv klingt an, das zentral für das Verständnis von Levi ist: seine enorme Labilität. Ohne die Schutzhülse seiner Wohnung, in der sich seine Familiengeschichte förmlich abgelagert hat, kann er nicht existieren.

Als Primo Levi in den zwanziger Jahren am Corso Umberto heranwächst, wandelt sich Turin zugleich in eine Industriemetropole, moderner als viele andere italienische Städte, europaweit führend im Autobau. Fiat lässt eine neue Fabrik im Lingotto bauen, mit vertikaler Fertigung über mehrere Etagen und einer Teststrecke auf dem Dach. Im Speckgürtel siedeln sich zahllose Zuliefererfirmen an, ganze Viertel schießen aus dem Boden. Der Erste Weltkrieg hatte die Fahrzeugproduktion weiter forciert und Turin einen Aufschwung verschafft; in Levis Geburtsjahr sorgten Streiks und Fabrikbesetzungen für Unruhe. Mit dem Journalisten und Politiker Piero Gobetti und dem Philosophen Antonio Gramsci, ab 1921 der Führer der gerade gegründeten Kommunistischen Partei, ist Turin damals auch politisch Avantgarde: Es gibt eine starke Arbeiterbewegung, zahlreiche Zeitschriften und das berühmte humanistische Gymnasium Liceo D'Azeglio, das durch seinen fortschrittlichen Lehrkörper mehrere Generationen von Turiner Intellektuellen prägen sollte. Und schon in den zwanziger Jahren formiert sich in Turin eine aktive antifaschistische Bewegung.

In seiner Kindheit war Primo von einer vielköpfigen jüdischen Sippe umgeben, die er, wie er auch zu Giovanni Tesio mehrfach sagt, 1975 in seiner funkelnden Porträtgalerie *Das periodische System* skizziert hatte. Das erste Kapitel, das seinen Vorfahren gewidmet ist, zählt tatsächlich zu den schönsten. »Sie neigten zum zweckfreien Spekulieren, zur scharfsinnigen Rede, zu geschliffenen, spitzfindigen, fruchtlosen Debatten«, lässt er dort über seine Urururgroßeltern verlauten. Das jüdische Bürgertum war schon um 1900 integraler Bestandteil der Stadt und bis zur Verschmelzung assimiliert. Man pflegte in Turin damals weniger Vorurteile der jüdischen Gemeinde gegenüber als anderswo. Bereits Graf Benso Camillo di Cavour, der Architekt der italienischen Einheit, die von Turin ausging und 1861 zustande kam, hatte einen jüdischen Sekretär gehabt, und als große Befürworter des Nationalstaates waren viele Juden für Italien in den Ersten Weltkrieg gezogen und hochdekoriert zurückgekehrt. Um 1919 lebten rund 2500 Juden in Turin, die Gesamtbevölkerung lag bei über 525.000 Einwohnern, und jedes Jahr kamen etwa 10.000 hinzu, denn in den Fabriken gab es Arbeit. Unter Levis jüdischer Verwandtschaft waren zahlreiche kleinere Unternehmer. Im *Periodischen System* schildert der Schriftsteller das spezielle Italo-Hebräisch, dessen sich die Juden im Piemont bedienen und das er in seiner Kindheit noch gehört hatte: »Eine wundervolle Komik wohnt ihm inne, sie entspringt dem Gegensatz zwischen dem Redegefüge im piemontesischen Dialekt, der rau, nüchtern, lakonisch ist und niemals – es sei denn aufgrund einer Wette – geschrieben wurde, und den hebräischen Einsprengseln, die der alten, geheiligten und feierlichen, der vorzeitlichen, wie ein Gletscherbett durch die Jahrtausende abgeschliffenen Sprache der Väter entnommen sind.« Die Zugehörigkeit zum Judentum vermittelte sich in seiner Generation nur noch in wenigen Ritualen. Levis Vater Cesare ging nur selten in die Synagoge. Die Bar Mitzwa seines Sohnes war Pflicht, aber für Primo waren die Unterweisungen des Rabbis und die Gesänge in der Synagoge eher befremdlich. In einem 1986 geführten Interview mit dem venetischen Schriftsteller Ferdinando Camon geht Levi sogar so weit zu sagen, dass er ohne die Rassengesetze und das Lager kein Jude geworden wäre: Erst diese Doppelerfahrung habe die jüdische Identität in ihn eingeprägt, »so wie man eine Klinge prägt: Nun bin ich Jude, den Davidstern hat man mir nicht nur auf die Kleidung genäht.« Mit jüdischen Gebräuchen und Sitten beschäftige er sich aus Recherchegründen – aber mit »zoologischer Distanziertheit«.

Primo Levis Mutter war 17 Jahre jünger als sein Vater; und vermutlich hat auch dieser Altersunterschied die Bindung an ihr erstes Kind verstärkt. Es gibt eine Fotografie von 1920, auf der Ester Levi, die in der Familie Rina genannt wurde, den etwa achtmonatigen Primo im Spitzenkleidchen auf dem Arm hält: Ihr Gesicht hat seine kindliche Fülle noch nicht verloren, ihre

Züge sind weich. Unter einem dicken, schwarzen Lockenschopf, der zu einem Dutt hochgesteckt ist, blitzt sie herausfordernd in die Kamera; man bemerkt ihren Stolz auf den Erstgeborenen. Mutter und Sohn wirken wie eine Einheit, obwohl Levi später behauptet, er könne sich an »keinen einzigen Kuss seiner Mutter« entsinnen. Die zweite Bezugsperson von Primo und seiner jüngeren Schwester Anna Maria, die 1921 geboren wurde, ist das Dienstmädchen Silvia, das bei der Familie wohnte. Primos zurückgezogener Charakter wird durch den privaten Schulunterricht eher noch verstärkt; er ist kaum Gruppen von Gleichaltrigen gewöhnt. Den Vater erlebt er eher wie einen Zaungast der Familie. Auch im Gespräch mit Tesio wird die distanzierte Beziehung zu Cesare Levi deutlich, dessen polternde Bonvivanthaftigkeit Levi schon als Kind mit Widerwillen erfüllt haben muss. Seine Begeisterung für die piemontesischen Berge ließe sich als Trotzreaktion deuten. »Mein Vater verabscheute die Natur, er empfand einen grimmigen Widerwillen gegen das Landleben, das für ihn bedeutete, sich im Haus einzuschließen, ohne jemals die Nase aus der Tür zu stecken, weil es draußen Ameisen und Staub gab und heiß war«, schildert Levi 1984 seinen Vater. »Er liebte die Turiner Innenstadt. Dahin ging er mit mir, obwohl ich mich sträubte, und er konnte nicht verstehen, wieso ich zum Skilaufen in die Berge fuhr. Tennisspielen hieß er gut, weil es ungefährlich war und in einem umgrenzten Areal stattfand. Die Berge aber waren ihm unbegreiflich. Von mir aus trinke, rauche, geh mit Mädchen, empfahl er mir. Ich aber rauchte nicht, trank nicht, hatte kein Mädchen. Nein, mit meinem Vater verstand ich mich nicht sonderlich.«

1934 kommt Levi auf das Gymnasium Liceo D'Azeglio, das ganz in der Nähe lag. Mitte der zwanziger Jahre war der Besuch des D'Azeglio für Leone Ginzburg, Cesare Pavese, Giulio Einaudi, Franco Antonicelli und Norberto Bobbio eine Art Initiation gewesen. Die Gründung des Einaudi Verlages, den Ginzburg und Einaudi im Herbst 1933 ins Handelsregister hatten eintragen lassen, war ein direktes Ergebnis ihrer durch die Schule geformten »Bruderschaft«. »Das Massimo D'Azeglio war in jenen Jahren eine Schmiede des Antifaschismus«, erklärt der legendäre Italienischlehrer Augusto Monti, der die jungen Turiner Intellektuellen zu sich nach Hause einlud, seine Schüler gezielt förderte und die faschistischen Erziehungsideale ignorierte, »aber nicht, weil es die Schuld oder das Verdienst einen einzelnen Lehrers war. Es war vielmehr die Wirkung des Turiner und piemontesischen Milieus, es lag in der Luft, es durchdrang den Boden. Dieses Gymnasium war wie eines jener Häuser, in denen es spukte, in denen spätere Bewohner im Schlaf von Geistern und Seelen besucht werden.« Primo Levi merkte zunächst nur wenig davon; Monti ist 1934 schon in Pension. Allerdings inhaliert er hier die lateinischen, griechischen und italienischen Klassiker, deren Lektüre sich später auf sein eigenes Schreiben niederschlagen wird. Dass im Lehrplan den geisteswissenschaftlichen Fächern vor Physik, Mathematik und Chemie der Vorrang gegeben wird, hängt auch mit den faschistischen Erziehungsidealen zusammen: Die neue italienische Kultur beruft sich auf die Antike. Levi erwähnt Tesio gegenüber die Klassenkameradin Fernanda Pivano; sie hat nicht nur den für Italien so wichtigen Edgar Lee Masters übersetzt, sondern wurde nach dem Krieg zur großen Hemingway-Interpretin und Vermittlerin der amerikanischen Beat-Kultur. Pavese, damals mit den ersten Übersetzungen für Einaudi befasst, war ihr Vertretungslehrer in Latein und Griechisch am D'Azeglio; am Schüler Primo scheint dieser charismatische Mann komplett vorübergegangen zu sein.

Die Wissenschaft passte besser zu seinem Temperament. Nach dem Abitur schreibt sich Levi 1937 an der Turiner Universität für Chemie ein. »Die Erfahrung an der Universität war für mich eine

Befreiung«, erklärt er 1984 dem Physiker Tullio Regge. »Ich erinnere mich noch an die erste Chemievorlesung von Professor Ponzio, in der ich ein klares, präzises, kontrollierbares Wissen empfing, ohne überflüssige Worte, ausgedrückt in einer Sprache, die mir auch in literarischer Hinsicht außerordentlich zusagte: eine bestimmte, aufs Wesentliche zielende Sprache. Und dann das Labor, jeder Jahrgang hatte sein Labor; hier verbrachten wir täglich fünf Stunden, das war ein ordentliches Pensum. Eine großartige Erfahrung: in erster Linie, weil man etwas mit Händen anfasste, ganz wörtlich, und das passierte mir zum ersten Mal, auch wenn man sich dabei vielleicht mal die Finger verbrannte oder sich schnitt. Es war eine Rückkehr zu den Ursprüngen. Die Hand ist ein edles Organ, die Schule aber hatte sie vernachlässigt, weil sie sich einzig und allein um das Gehirn bemühte.«
1938 werden die Rassengesetze erlassen, die Juden den Zugang zur Universität verwehrten, aber wer bereits eingeschrieben ist, verliert seine Studienberechtigung nicht. Dreizehn Jahre nach dem Umbau des Staates zur Diktatur herrscht in Italien eine Konsenskultur: Mussolini hatte durch seine Freizeitorganisation *Dopolavoro*, die Volkstänze und Bocciaspiele mit politischer Indoktrination verband, die Massen erreicht und befriedet. Bestimmte Bereiche, die unter dem Einfluss der alten konservativen Eliten standen, wie der Unternehmerverband, Teile des Verwaltungsapparats und der Kirche, blieben relativ unbehelligt. Sie gingen zwar nicht in Opposition, bewahrten sich aber eine gewisse Autonomie. Wirtschaftlich beförderte Mussolini Monopolbildungen und setzte auf Protektionismus, was in Turin die Fiat-Werke stärkte. Die Produktion lief auf Hochtouren, allein in den späten zwanziger Jahren waren 50.000 neue Arbeiter eingestellt worden, und 1936 geht der Kleinwagen Topolino in Serie. Zugriff auf die Belegschaft oder die Verwaltung der Fabrik hat der Duce nicht. Die unliebsamen Intellektuellen hält sich

der Diktator mit dem *confino* vom Hals, der Verbannung in die Provinz: 1935 und 1940 trifft es die Begründer des Einaudi Verlages, Pavese und Ginzburg, bereits 1935 den Turiner Maler und Arzt Carlo Levi – nicht mit Primo verwandt –, dessen später bei Einaudi erschienener dokumentarischer Roman *Christus kam nur bis Eboli* (1945) das Elend in Süditalien und die Verbannung anschaulich schildert. Als Primo Levi die Fakultät für Physik besucht, liegt der Faschismus wie Mehltau über dem Land. Das Parteibuch besitzen kurz vor dem Zusammenbruch des Regimes sechs Millionen Italiener, viele aus strategischen Gründen, wie auch Cesare Levi. Die oft erzwungene Mitgliedschaft in den faschistischen Organisationen beträgt bei einer Bevölkerungszahl von 46 Millionen 25 Millionen. Als Mussolini im Juni 1940 übereilt in den Krieg eintritt, sich die militärischen Misserfolge häufen und die Versorgungslage schlechter wird, kippt die Stimmung. Es kommt zu großen Streiks. Unterdessen kann Primo Levi 1941 sein Studium beenden. »Ich habe [mein Diplom mit, M.A.] *summa cum laude* abgeschlossen und bin überzeugt, dass dieses Lob mir zu vierzig Prozent für meine Leistung und zum übrigen Teil deshalb gegeben wurde, weil die Professoren, fast alle irgendwie antifaschistisch eingestellt, damit ihren Dissens auszudrücken vermochten. (...) Ich muss hinzufügen, dass von all meinen Kommilitonen und Kommilitoninnen nicht ein einziger mich als »Jude« ansprach. Sie alle haben die Rassengesetze als dumm oder grausam oder auch als beides empfunden.« Sein Vater erkrankt an einem Tumor und liegt bald darauf im Sterben, die Familie gerät in Geldnot. Primo muss für den Unterhalt der Mutter und der Schwester sorgen, ergattert eine klandestine Stelle in einer Asbestmine, wechselt aber 1942 für eine bessere Bezahlung in das Arzneimittelwerk Wander nach Mailand. Hier verkehrt er unter seinen Turiner Jugendfreunden, »jungen Männern und Mädchen, die aus unterschiedlichen Gründen in der ungastlich gewordenen großen Stadt gelandet waren. (...) Wir nannten uns Feinde des Faschismus, in Wirklichkeit aber hatte der Faschismus auf uns wie auf fast alle Italiener eingewirkt und uns weltfremd, oberflächlich und zynisch gemacht. (...) Unsere Unwissenheit erlaubte uns zu leben wie im Gebirge, wenn das Seil morsch ist und zu reißen droht, man es aber nicht weiß und sicheren Schrittes weiterklettert«, schildert Levi diese Phase im *Periodischen System*. Im selben Jahr setzt unter Primo und seinen Freunden eine starke Politisierung ein: Sie stellen Kontakte zu den kämpfenden Einheiten des Partito d'azione her, der illegalen Aktionspartei, bei der Primo Mitglied wird. Im November landen die Alliierten in Nordafrika, einen Monat später tragen die Russen in Stalingrad den Sieg davon.

Im Juli 1943 wird die faschistische Regierung gestürzt; Mussolini kommt in Haft. Als Ministerpräsident Badoglio am 8. September die bedingungslose Kapitulation verkündet, werden Mittel- und Norditalien von der deutschen Wehrmacht besetzt; im Süden rücken die alliierten Truppen vor. Primo Levi stößt im Herbst mit seinen Freunden zu einer Partisanengruppe im Aosta-Tal – mit unklaren Plänen und wenig Expertise. »Wir froren und hungerten, wir waren die wehrlosesten Partisanen im ganzen Piemont, und wahrscheinlich auch die naivsten«, heißt es im *Periodischen System*. Der junge Chemiker gerät gemeinsam mit zwei Genossen im Morgengrauen des 13. Dezember in Gefangenschaft; der Rest der elfköpfigen Truppe kann fliehen. »Meine Zeit als Partisan im Aosta-Tal war zweifellos die undurchsichtigste meines Lebens, und ich möchte sie ungern erzählen: Es ist die Geschichte von jungen Leuten, die voller guter Absichten, aber töricht waren, und sie gehört zu den Dingen, die man besser vergisst«, erklärt er später dem Präsidenten des Instituts für die Geschichte des Widerstands, Paolo Momigliano. In dem Kapitel *Gold* im *Periodischen System* wird er präziser. Es sei zu einer Exekution von Verrätern gekommen: »Wir waren durch unser Gewissen zur Vollstreckung einer Strafe gezwungen gewesen, und wir hatten sie vollstreckt, aber wir waren vernichtet, erniedrigt und mit dem Wunsch daraus hervorgegangen, alles möge zu Ende sein, wir selber eingeschlossen.« Die Namen der beiden Getöteten sind inzwischen bekannt. Sie hatten Mundraub begangen und die militärische Disziplin der Truppe unterlaufen. In den Nachkriegsdarstellungen der *resistenza* wurde die Verantwortung für die Strafmaßnahme den Faschisten zugeschoben. Wie die Konfliktlinien im Partisanenkampf in den Tälern bei Aosta verliefen und wie sich Levi damals verhielt, wird heute kontrovers diskutiert. Der Historiker Sergio Luzzatto rekonstruiert in seinem Band *Partigià. Una storia della resistenza* (2013) mit Hilfe von mündlichen und schriftlichen Quellen die tatsächlichen Geschehnisse und spekuliert dann über Levis Rolle bei der Racheaktion. Auch der Shoah-Forscher Frediano Sessi in *Il lungo viaggio di Primo Levi* (2013) konstatiert eine Verleugnung und nachträgliche Umdeutung der Tatsachen. Marco Belpoliti, Literaturwissenschaftler und Herausgeber von Primo Levi, verweist in einem scharfsinnigen Essay auf den blinden Fleck Luzzattos: Er nehme Levis literarische Verarbeitung dieser Phase für bare Münze und stelle ihn, ganz einfach, weil er eine berühmte Figur der Zeitgeschichte und dann auch noch ein Auschwitz-Zeuge sei, vor Gericht, um mit einer – tatsächlichen – Mythisierung des Widerstands abzurechnen. Damit diskreditiere er nicht nur Levis Werk, sondern tue ihm auch als Person Unrecht, denn die Ambivalenz gegenüber Kriegshandlungen werde in seinen Büchern immer wieder deutlich. Die Beschäftigung mit der *resistenza* rührt an den Kern des Selbstverständnisses von Italien: Das Land begreift sich als eine aus dem Widerstand geborene Republik. Dass es de facto einen Bürgerkrieg mit Gräueltaten auf beiden Seiten gegeben hatte, wurde über

Jahrzehnte verdrängt. Die Folgen dieser Spaltung reichen bis in die Gegenwart.

Aus Angst davor, als Widerstandskämpfer erschossen zu werden, gibt Levi bei den Befragungen in der Kaserne von Aosta zu, Jude zu sein. Im Januar 1944 werden die Rassengesetze von den deutschen Besatzern rigoros angewendet, und Primo Levi wird gemeinsam mit den Turiner Freundinnen Luciana Nissim und Vanda Maestro in ein Durchgangslager in die Emilia-Romagna verlegt, nach Fossoli, etwa zwanzig Kilometer von Modena entfernt. »Die Faschisten haben uns nicht schlecht behandelt, wir durften Pakete erhalten, sie schworen uns bei »ihrem faschistischen Glauben«, dass sie uns bis zum Ende des Krieges dabehalten würden«, erzählt Levi dem Kollegen Ferdinando Camon 1986. Dass es in Fossoli zivil zuging, lag vor allem am Lagerkommandanten Domenico Avitabile, einem neapolitanischen Kommissar, der zu den Gefangenen ein gutes Verhältnis hatte und es mit den Regeln nicht so genau nahm. Manchen Frauen gelang es sogar, in Modena zum Zahnarzt zu gehen und sich beim Friseur die Haare machen zu lassen. Auch Luciana Nissim, approbierte Ärztin, erlebt Fossoli zunächst als wenig bedrohlich: »Ich erinnere mich an einen sonnigen Ort. Vanda und ich kamen uns in unseren Hosen und Bergstiefeln sehr hübsch vor und fühlten uns stark.« Die Wahrnehmung ist nur retrospektiv verblüffend – wer wusste unter den jungen Leuten damals schon etwas von Vernichtungslagern der Nazis in Deutschland? Auschwitz war nicht mehr als ein Wort. In Fossoli hatte alles noch den Anschein eines Abenteuers. Luciana verwickelt sich in eine Liebesgeschichte mit einem anderen Turiner, Primo bandelt schüchtern mit Vanda an, Chemikerin wie er. Vanda schreibt am 4. Februar an ihre Cousine: »Liebste Nella, die Atmosphäre hier ist wirklich herrlich. Die jüdische Gesellschaft ist etwas stumpfsinnig, aber die nicht-jüdische großartig. Falls Du mir ein

Paket schickst, hätte ich gern ein (oder zwei) Paar Schuhe und Kleider. Alte, die Du nicht mehr trägst – sie werden mir sicher gut passen, da ich jetzt etwas zugenommen habe. Außerdem ein Handtuch und eine Tischdecke. Du musst Dir um mich gar keine Sorgen machen. Ich habe einen Monat darauf gewartet, endlich herzukommen, und ich kann Dir versichern, dass ich einen Stoßseufzer ausstieß, als ich eintraf. Falls Du Anna Maria siehst (sie ist Primos Schwester), sag ihr, dass sie an mich schreiben soll und dass es Primo gut geht   Dringende Bitte: gute Seife und Waschmittel!« Sogar Besuche sind erlaubt, und Vandas Bruder reist unter falschem Namen an und reicht ihr Stiefel über den Zaun. Er sollte sie nicht wiedersehen.

Kurze Zeit später wird das Lager von der SS übernommen, die Stimmung ändert sich. Der vergnügte Ton, in dem Vanda an ihre Cousine schrieb, ist zehn Tage später verflogen, sie macht sich Sorgen. Am 15. Februar heißt es in einem Brief nach Mailand: »Liebste Nella, vielleicht ist dies ein schlechter Moment, Dir zu schreiben, denn meine Laune wird immer schlechter. Meine Lieben sind so weit weg von mir und wer weiß, ob ich sie jemals wiedersehen werde? Dieser Gedanke macht mich furchtbar traurig. Ich träume jede Nacht von ihnen, sie sind immer in meinem Herzen. Ich habe nur wenig Neuigkeiten und keine guten. Bitte denk nicht schlecht von mir. Ich weiß nicht, wie ich Dir in Zukunft weniger Kummer bereiten kann.« Primo, Luciana und Vanda und alle anderen jüdischen Insassen, auch Kinder und alte Leute, werden nach Auschwitz deportiert. Die politischen Gefangenen kommen nach Mauthausen. Die ersten Züge setzen sich im Februar in Bewegung. Von den ab 1943 etwa 8000 nach Auschwitz deportierten italienischen Juden kommen über 2000 aus Fossoli; nicht einmal 450 sollten das Lager überleben. Levi wird am 22. Februar mit 650 weiteren Gefangenen in einen Güterwaggon verfrachtet. Gemeinsam mit Luciana und Vanda schreibt er eine Postkarte an die gemeinsame Freundin Bianca Guidetti Serra aus dem Turiner Widerstand, die sie bei Bozen aus dem Zug werfen und die, verblüffend genug, ankommt: »Liebe Bianca, wir sind unterwegs, in klassischer Weise – grüß alle, Ihr tragt jetzt die Fackel. Ciao Bianca, wir haben Dich lieb, Primo, Vanda, Luciana«. Die Freunde verwenden eine Chiffre: Die Fackel ist das Symbol des Partito d'azione.

Der Zug trifft am 26. Februar 1944 in Auschwitz ein, und dann beginnt die Phase, die Primo Levi in seinem Buch *Ist das ein Mensch?* so eindringlich schildert. »Die Tür wurde krachend aufgerissen, das Dunkel hallte wider von fremden Befehlen, jenem barbarischen Gebell kommandierender Deutscher, die sich eines jahrhundertealten Ingrimms zu entledigen scheinen. Vor uns erkannten wir einen ausgedehnten, von Scheinwerfern angestrahlten Bahnsteig.« Levis Zeugnis zählt nicht nur zu den wichtigsten Werken über die Deportation und Ermordung der Juden in Auschwitz, es gewinnt durch seine zurückgenommene Erzählweise und die von Dante durchdrungene, klassische Sprache den Rang von Weltliteratur. Es ist die Darstellung der *conditio umana* unter Bedingungen, wie sie extremer nicht vorstellbar sind. Was wird aus dem Individuum, wenn es durch die Umstände gezwungen ist, in jedem anderen einen Feind zu sehen? Von seiner bestürzenden Prägnanz hat *Ist das ein Mensch?* bis heute nichts verloren. Levi kommt nach Auschwitz III Monowitz, sechs Kilometer vom Stammlager entfernt, das direkt an die Buna-Werke der IG Farben grenzt. Das KZ war das erste, das von einem Industrieunternehmen privat betrieben wurde und diente zur Rekrutierung von Zwangsarbeitern. In der Fabrik wurde synthetischer Kautschuk hergestellt, ein kriegswichtiger Stoff.

Primo Levi wird die Nummer 174 517 auf den linken Unterarm tätowiert. Er kann etwas Deutsch und versteht die Befehle, was ihm hilft. Die Drillich-Kleidung ist genauso wie die Verpflegung vollkommen unzureichend; die Holzschuhe verursachen Entzündungen an den Füßen. Wer die Arbeitsleistung nicht erbringen kann, riskiert, bei den regelmäßigen Selektionen aussortiert und direkt nach Birkenau in die Gaskammern gebracht zu werden. Aber Levi ist durch die Bergwanderungen gut trainiert und körperlich überraschend zäh. Im Juni wird er einem Bautrupp zugeteilt, zu dem auch der Maurer Lorenzo Perrone aus Fossano gehört. Perrone arbeitet für eine italienische Firma, die nach Auschwitz entsandt wurde. Er hasst die Deutschen, kann sich frei bewegen und kümmert sich um seinen jüngeren Landsmann. »Die hier beschriebenen Personen sind keine Menschen. Ihr Menschentum ist verschüttet, oder sie selbst haben es unter der erlittenen oder den anderen zugefügten Unbill begraben«, schreibt Levi in seinem Auschwitz-Buch. »Lorenzo aber war ein Mensch. Seine Menschlichkeit war rein und makellos, er stand außerhalb dieser Welt der Verneinung. Dank Lorenzo war es mir vergönnt, dass auch ich nicht vergaß, noch ein Mensch zu sein.« Der Maurer versorgt Levi ein halbes Jahr lang mit Extraportionen Suppe, schenkt ihm ein Unterhemd und schickt in seinem Namen Briefe nach Italien. »So sehr die Entbehrungen und Strapazen, Hunger, Kälte, Durst unseren Körper auch peinigten, wurden wir dadurch paradoxerweise vom enormen Unglück unseres Geistes abgelenkt. Man konnte gar nicht vollkommen unglücklich sein. Die Tatsache, dass Selbstmord im Lager recht selten vorkam, beweist es. Selbstmord ist ein philosophischer Vorgang, er wird vom Denkvermögen herbeigeführt. Die Dringlichkeiten jedes Tages lenkten uns von dem Gedanken ab. Wir mochten den Tod herbeiwünschen, aber wir waren nicht fähig zu dem Gedanken, uns den Tod zu geben. Ich war nahe am Selbstmord, dem Gedanken an Selbstmord vor und nach dem Lager, aber niemals im Lager«, schildert Primo Levi dem Journalisten

Giorgio De Rienzo von der Zeitung *Stampa Sera* 1979 die Situation und benennt dabei erstmals seine psychische Disposition zur Depression. Eines der zentralen Kapitel in *Ist das ein Mensch?* bezieht sich auf Dante und heißt *Der Gesang des Odysseus*. Eines Morgens bittet ihn der Elsässer Student Jean Samuel, das Faktotum des Kapos und »Pikkolo« genannt, ihm bei der Verteilung der Suppe zu helfen. Auf dem Weg zur Küchenbaracke gibt Levi dem jungen Mann Italienisch-Unterricht und paraphrasiert den »Gesang des Odysseus«, in dem Odysseus seine letzte wagemutige Reise und seinen Untergang im Meer schildert. Das Heraufbeschwören der Terzinen wird zu einer Kraft, die den Tod zu bannen vermag. Dantes Verse sind der Inbegriff der humanistischen Kultur. Inmitten der Barbarei leuchtet plötzlich etwas anderes auf, entfaltet Literatur ihre Wirkung und wird zum Ausdruck dessen, was den Menschen ausmacht.

Einige Monate später kommt Levi seine Ausbildung zugute: Er muss bei einem Dr. Pannwitz der Buna-Werke eine Chemieprüfung ablegen und wird im November ins Labor versetzt, wodurch er zumindest tagsüber der bitteren Kälte entgeht. Dem amerikanischen Romancier Philip Roth, den er später in den USA kennenlernt, beschreibt er die Erfahrung 1986 folgendermaßen: »Ich erinnere mich, dass ich mein Jahr in Auschwitz in einem Zustand außerordentlicher geistiger Lebendigkeit erlebt habe. Ich weiß nicht, ob das mit meinem beruflichen Hintergrund zu tun hatte oder mit einer unvermuteten Zähigkeit oder mit einem gesunden Instinkt. Ich habe wirklich niemals aufgehört, die Welt und die Menschen um mich wahrzunehmen, so sehr, dass ich noch immer ein unglaublich detailliertes Bild von ihnen habe. Ich hatte einen intensiven Wunsch zu verstehen, ich wurde ständig von einer Neugier übermannt, die manchem geradezu zynisch erschien: der Neugier des Naturforschers, der sich in eine Umgebung verpflanzt sieht, die schrecklich ist, aber neu, auf schreckliche Weise neu.« Diese Beobachterhaltung erlaubt ihm vermutlich, sich den andauernden Qualen und Demütigungen zu entziehen, sie von sich abzuspalten und einen inneren Schutzwall zu errichten. Als im Januar 1945 die russischen Truppen näher rücken, räumen die Deutschen das Lager und verlegen sämtliche Häftlinge nach Buchenwald und Mauthausen. Fast alle kommen unterwegs um oder werden ermordet. Primo Levi ist an Scharlach erkrankt und bleibt im Krankenbau, was seine Rettung ist. Am 27. Januar treffen die Russen in Auschwitz ein. Erst später wird Levi entdecken, dass auch Luciana Nissim, über Umwege in Hessen gelandet, überlebt hat. Vanda wurde schon kurz nach ihrer Ankunft an der »Judenrampe« in Birkenau vergast.

Nach einigen Monaten in einem Durchgangslager in Kattowitz, wo Primo Levi als Krankenpfleger arbeitete, tritt er im Sommer 1945 seine komplizierte Rückreise über Osteuropa an. An Bianca Guidetti Serra schreibt er noch im Juni aus Kattowitz: »Ich bin gekleidet wie ein Bettler und komme vielleicht ohne Schuhe nach Hause, aber dafür habe ich Deutsch gelernt, ein bisschen Russisch und Polnisch, habe außerdem gelernt, mich in allen möglichen Situationen zurechtzufinden, nicht den Mut zu verlieren und physische wie moralische Schmerzen auszuhalten. Um den Friseur zu sparen, trage ich wieder einen Bart. Ich kann eine Suppe aus Kohl und Rüben zubereiten und auf unzählige Arten Kartoffeln kochen, alles ohne jegliche Gewürze. Ich kann einen Ofen installieren, anzünden und saubermachen. Ich habe eine unglaubliche Zahl von Berufen ausgeübt: Maurergehilfe, Erdarbeiter, Straßenkehrer, Gepäckträger, Totengräber, Dolmetscher, Fahrradreparateur, Schneider, Dieb, Krankenwärter, Hehler, Steinklopfer – sogar Chemiker!« Ein grimmiger Humor wird spürbar, etwas Triumphales, was vielleicht der Euphorie geschuldet ist, überhaupt überlebt zu haben. Schuldgefühle sollten erst später ins Spiel kommen. Es dauert dann Monate, bis Levi Turin erreicht. Als er am 19. Oktober, einem Freitagmorgen, in den Hauseingang des Corso Umberto 75 tritt, erkennt die Portiersfrau Marina Bertone, seit Jahrzehnten im Dienst, den abgerissenen, bärtigen Sechsundzwanzigjährigen nicht und fragt brüsk, was er denn wolle. Es dauert eine Weile, bis sie die Kraft findet, nach Levis Mutter zu rufen. Ein kaum zu bremsender Erzählzwang überfällt den Rückkehrer: Ob im Wohnzimmer der Familie oder in der Straßenbahn, er muss wieder und wieder berichten, was ihm passiert ist. Während in den Geschichten über Auschwitz jedes Mal Angst, Schrecken und Horror spürbar werden, haben die Schilderungen der auch geografisch absurd anmutenden Durchquerung Osteuropas gleich den Charakter einer Saga und erinnern im Tonfall an die Postkarte an Bianca. »Das Schicksal entschied, dass ich ausgerechnet inmitten des Chaos eines vom Krieg verheerten Europa Abenteuer erleben sollte«, erzählt Levi Philip Roth.

Der Neuanfang in Turin ist schwierig, Levi fühlt sich wie aus der Zeit gefallen. Er findet eine Stelle in der Farbenfabrik Duco-Montecatini. Man weist ihm einen dreibeinigen Schreibtisch in einer zugigen Laborecke zu, wo Mitarbeiter dauernd mit Eimern und Kübeln hin und her rennen. Seine Aufgaben bleiben diffus, und plötzlich hat er unvermutet Zeit. In fiebriger Eile kritzelt er seine Erinnerungen in ein Schulheft: Es ist der erste Entwurf zu *Ist das ein Mensch?*. »Das Buch wuchs fast spontan unter meinen Händen, plan- und systemlos, verworren und überquellend wie ein Termitenhügel«, schildert Levi die Entstehung seines Erstlings im *Periodischen System*. Binnen zwei Wochen entsteht das letzte Kapitel *Geschichte von zehn Tagen*, und von dort aus springt er an den Anfang. Ferdinando Camon erläutert er später, wie prägend und wegweisend Auschwitz war: »Und doch kann ich nicht leugnen, dass diese Erfahrung neben dem Grauen, das ich jetzt noch verspüre, auch positive Auswirkungen gehabt hat. Es kommt mir vor, als hätte ich dort gelernt, die menschlichen Dinge zu verstehen. (...) Ich hatte die Universität absolviert, aber ich muss sagen, meine wahre Universität war Auschwitz. Ich habe das Gefühl, dass ich durch Auschwitz bereichert worden bin.« Levi betrachtet das Erlittene wie Material: Er wird zum Anthropologen seiner selbst, zu seinem eigenen Untersuchungsgegenstand. Gemeinsam mit seinem Freund, dem Turiner Arzt Nardo De Benedetti, mit dem er bereits in Fossoli interniert war und den er in Kattowitz wiedertraf, hatte er direkt nach der Befreiung einen Aufsatz über die medizinische Versorgung in Auschwitz verfasst. In Turin ergänzen die beiden Überlebenden den Artikel um Ausführungen zu den typischen Häftlingskrankheiten und veröffentlichen ihn 1946 unter dem Titel »Bericht über die hygienisch-gesundheitliche Organisation des Konzentrationslagers für Juden in Monowitz (Auschwitz – Oberschlesien)« in der medizinischen Zeitschrift *Minerva medica*. Es ist eine der Keimzellen von Levis Buchmanuskript. Bereits hier werden im Detail die Reise ins Lager, die Ankunft, die Haft, die Ernährung und die Arbeitsbedingungen der Deportierten beschrieben; außerdem gibt es Erläuterungen zum Krankenbau, den sanitären Verhältnissen und den Krankheiten, die aus der Unterernährung resultierten. Die Niederschrift auf Papier wirkt auf Levi wie eine Entgiftung – er spürt Erleichterung. »Ich lebte mein Leben im Lager so rational, wie ich konnte, und ich schrieb das Buch über Auschwitz, um anderen ebenso wie mir die Ereignisse zu erklären, in die ich verwickelt worden war, aber nicht mit einer definitiv literarischen Absicht«, schildert Levi Philip Roth den ersten Impuls. »Mein Modell (oder, wenn du das vorziehst, mein Stil) war der des Wochenberichts, wie er in Fabriken üblich ist: Er muss präzise sein, klar und in einer Sprache geschrieben, die jeder in der industriellen Hierarchie verstehen kann. Und ganz

bestimmt nicht in einem wissenschaftlichen Jargon.« Es habe ein Zeugnis von fast juristischer Prägung sein sollen, erläutert er die Zielrichtung seines Unterfangens an anderer Stelle, eine Aussage, eine Anklageschrift, nicht aus Rache oder Vergeltung, sondern um die Geschehnisse zu bezeugen. 1947 ist die erste Fassung endlich fertig, und Levi legt sie dem Einaudi Verlag vor, der gleich bei ihm um die Ecke in der Via Biancamano seinen Sitz hat und gerade eine kulturgeschichtlich wegweisende Bedeutung für Italien gewinnt. Natalia Ginzburg, die Witwe des Verlagsgründers und Widerstandskämpfers Leone Ginzburg, der von den Deutschen in der römischen Haft ermordet worden war, prüft das Manuskript – und lehnt es ab. Hier beginnt eine der aufschlussreichsten Publikationsgeschichten der Nachkriegszeit. Ausgerechnet Natalia, selbst Jüdin und vom Krieg gezeichnet, sieht für den Erfahrungsbericht eines KZ-Insassen keinen Raum in einem Verlagsprogramm, das sonst eine so kritische Zeitgenossenschaft pflegt, genauso wenig wie ihre Kollegen. Dass es sich bei Levis Buch um die Analyse eines zivilisatorischen Bruchs handelt, erkennen sie nicht. Außerdem bevorzugt man einen anderen Stil: kruder, unpolierter, neorealistischer. Levis Erzählweise wirkte auf die Einaudi-Lektoren zu traditionsgebunden und fast zu klassisch. Sein gleichmäßiger Satzbau, durch die Abfolge von Kommata, Doppelpunkten und Strichpunkten rhythmisiert, vermittelt aber gerade einen Zustand von beherrschter Erregung. Dante, der immer wieder durchschimmert, war ohnehin gebrandmarkt, zu sehr hatte man ihn für die faschistische Rhetorik missbraucht.
Primo Levi selbst kommt im Laufe der Jahre mehrfach auf die Ablehnung durch Einaudi zu sprechen: »Man muss bedenken, dass Natalia damals eine schreckliche Zeit hinter sich hatte, sie war die Witwe Leone Ginzburgs, und daher verstehe ich ziemlich gut ihre Ablehnung, die eine umfassendere, kollektive

Ablehnung zum Ausdruck brachte. Zu jener Zeit hatten die Menschen anderes zu tun. Sie mussten Häuser bauen, Arbeit finden. Nahrungsmittel wurden noch rationiert; in den Städten standen überall Ruinen; noch hielten die Alliierten Italien besetzt. Die Menschen hatten keine Lust auf so etwas, sie hatten Lust auf andere Dinge, zum Beispiel wollten sie tanzen, Feste feiern, Kinder zur Welt bringen. Ein Buch wie das meine – und viele andere Bücher, die danach entstanden – war fast eine Unhöflichkeit, ein Spielverderber.« Natalia Ginzburg, 1987 auf das Versäumnis hingewiesen, erläutert: »Ich weiß noch, dass es außer mir auch Cesare Pavese gelesen hatte, auch noch andere, aber an die erinnere ich mich im Moment nicht. Pavese sagte, es sei vielleicht nicht der richtige Augenblick, *Ist das ein Mensch?* zu verlegen, aber nicht aus Gründen einer jüdischen Zensur, sondern weil das Buch bei all den vielen Zeugnissen über die Lager, die damals erschienen, untergegangen wäre. Er sagte, man solle lieber warten. Ob das falsch von uns war, ist eine andere Sache, aber, ich sage es noch einmal, um Zensur ging es dabei überhaupt nicht.« Mit dem Ausmaß der systematischen Vernichtung und den Ursachen wollte man sich aber noch nicht befassen. Levi hat es in seiner Äußerung angedeutet: Damals zählte man die Millionen, die in Auschwitz und den über tausend Konzentrationslagern und Vernichtungslagern ermordet wurden, zu den Millionen Kriegstoten auf dem Kontinent hinzu. In seinem düstersten Buch, dem Essay über Auschwitz *Die Untergegangenen und die Geretteten* von 1986, benutzt Levi dann ein Motiv des Dichters Giacomo Leopardi. Auf dessen berühmtes Gedicht anspielend, spricht er von der »*Quiete dopo la tempesta*«, der »Ruhe nach dem Gewitter«, um die Stimmung kurz nach Kriegsende zu charakterisieren. »*Uscir di pena / è diletto fra noi*«, »Der Qual entgehn / heißt Wonne unter uns«, zitiert er ein Verspaar. Der Begriff des Genozids ist noch nicht geläufig. Es schien kein

Paradigma zu geben, selbst in den jüdischen Gemeinden in Italien war die Haltung eher antihistorisch. Primo Levi, streng laizistisch, verortet die Juden in der Geschichte: *Ist das ein Mensch?* lautet seine Frage.

Er solle sich an Franco Antonicelli wenden, hört Levi über seine Schwester Anna Maria. Der Literaturkritiker Antonicelli, eine zentrale Figur des Turiner Antifaschismus, hatte 1942 den kleinen Verlag Francesco De Silva gegründet. Benannt nach dem ersten Turiner Buchdrucker, galt das Haus als gute Adresse. Tief beeindruckt von der Lektüre, legt Antonicelli das Manuskript einigen Freunden vor und entscheidet, es zu veröffentlichen. Er findet auch den Titel, den er einem Gedicht von Primo Levi entnimmt. Auszüge aus dem Manuskript erscheinen dann vorab in der Wochenzeitung *L'Amico del Popolo* der Kommunistischen Partei in Vercelli zwischen März und Mai. Fünf Monate später kommt *Ist das ein Mensch?* bei De Silva heraus: Auf dem weißen Einband steht in roten Lettern der Titel, darunter ist eine Zeichnung von Goya abgebildet; eine Studie zu den Radierungen der Serie *Desastres de la guerra*. Man erkennt einen Mann, der mit ausgebreiteten Armen bäuchlings in einer Blutlache auf dem Boden liegt. Im Ankündigungstext des Verlages heißt es: »Ein außergewöhnliches Werk, ja vielleicht das wichtigste der Nachkriegszeit; neben dem berühmten, so ganz anders gearteten *Christus kam nur bis Eboli* von Carlo Levi ist Primo Levis *Ist das ein Mensch?* Memoirenbuch, Dokument, Kunstwerk. Das Auftreten von nichtprofessionellen Schriftstellern ist in Italien nicht mehr ganz zufällig, und Primo Levi ist vielleicht einer der bedeutendsten.« 2500 Exemplare werden gedruckt, etwa 1400 verkauft, der größte Teil in Turin.

Kurz nach seiner Rückkehr trifft Levi eine Freundin wieder, der er vor dem Rückzug in die Berge schon einmal begegnet war, eine Lehrerin, Lucia Morpurgo. Die junge Frau ist noch schüchterner und zurückgezogener als er, aber sie schafft es, Primo aus seiner tiefen Hemmung zu befreien. Noch im Februar hatte er ein Gedicht über Vanda Maestro geschrieben, jetzt entsteht ein ganz ähnliches für Lucia, und er kann die Erinnerung an diese unerfüllte Liebe, die wegen Vandas Tod in Birkenau mit Schuldgefühlen beladen ist, überwinden. Lucia ahnt vielleicht, was es heißt, Auschwitz überlebt zu haben. Sich Hilfe oder Unterstützung bei einem Arzt zu suchen, ist damals unüblich. Manche der Überlebenden sehen in ihrem Beruf einen Ausweg: Primos Jugendfreundin Luciana Nissim, die Medizinerin, mittlerweile in Mailand verheiratet, wird schließlich selbst Psychoanalytikerin. Auch sie versucht, ihre Erinnerungen durch die Niederschrift zu bannen, es wird ein Buch daraus, das 1946 in kleiner Auflage in Turin erscheint: *Ricordi della casa dei morti* heißt es, und es ist das erste italienische Dokument über Auschwitz. Ob Lucia Primos Schwermut ernst nimmt? An manchen Tagen radelt er 32 Kilometer quer durch Turin, um »Lucciola«, »Glühwürmchen«, wenigstens einen Moment zu sehen. Sie sei ehrlich und großzügig, sagt er. Vor allem möge sie Kinder. Die beiden verloben sich; im September 1947 wird geheiratet. Seinem Biografen Tesio gegenüber betont Levi die immense Bedeutung, die Lucia für ihn hatte. Vielleicht ist der Wunsch nach Wiedergutmachung im Spiel, denn was der Schriftsteller nicht erwähnt, sind die schwierigen Umstände der Ehe. Die Flitterwochen sind kaum der Rede wert. Nach wenigen Tagen allein bei Lucias Zwillingsschwester am Corso Giovanni Lanza in den Turiner Hügeln kehrt das Paar in die Wohnung am Corso Umberto 75 zurück. Hausherrin und Besitzerin der Wohnung ist Levis Mutter, mittlerweile seit fünf Jahren verwitwet, auch seine Schwester lebt dort. Es ist eng, die drei Frauen wetteifern um Primos Gunst. Anna Maria, deren enges Verhältnis zu ihrem Bruder einen Riss bekommt, ergreift die Flucht, siedelt erst nach Ivrea und dann nach Rom über. Später heiratet sie den amerikanischen Drehbuchautor und Filmkritiker Julian Zimet, der während des Krieges an der Seite von John Cheever zum sagenumwobenen Trupp von Frank Capra gehört hatte und wegen der Kommunistenhatz in den USA nach Italien übersiedelt war. Ein Umzug in eine andere Stadt? Undenkbar für Primo und Lucia, die so eng mit ihren Familien verbunden sind. Lucia bleibt nichts anderes übrig, als sich mit Levis Mutter Rina und ihrem Haushaltsregiment zu arrangieren. 1948 kommt die Tochter Lisa Lorenza zur Welt, erst neun Jahre später der Sohn Renzo, und als Lucia ihre Arbeit als Lehrerin wieder aufnimmt, kümmert sich Rina um die Enkel. Primos Freunde reagieren reserviert auf die junge Ehefrau; sie sei ihm intellektuell nicht gewachsen, heißt es, was vermutlich ungerecht ist. Lucia meidet andere Menschen eher, schon bald taucht Primo allein bei Verabredungen und Abendessen auf. Wenn Besuch nach Hause kommt, zieht sie sich zurück, überhaupt hat sie ein Auge auf den Terminplan ihres Mannes und überwacht seine Abwesenheiten.

Von seinem Erstling hatte sich Levi mehr erhofft. »Angesichts des geringen Verkaufserfolgs gab ich die Idee, vom Schreiben leben zu wollen, auf der Stelle auf. Es schien mir eine unerreichbare Utopie. Hals über Kopf begann ich als Chemiker zu arbeiten«, erzählt er später. Es gibt ein kurzes Intermezzo in einem privaten Labor, das er mit Alberto Salmoni, dem Ehemann von Bianca Guidetti Serra, betreibt. Salmoni ist ein enger Freund, über den er auch mit Tesio spricht. Er teilt die Auschwitz-Erfahrung mit ihm. Im Dezember 1947 lässt sich Primo Levi von der Firma Siva anstellen. Der Inhaber Rico Accati weiß Levi rasch zu schätzen. Die beiden sind ein ideales Team, geschäftstüchtig der eine, erfinderisch der andere. Das Unternehmen spezialisiert sich auf die Produktion von Emaillierungen und Ummantelungen für elektrische Kupferkabel; Levi verbessert die Formeln für Farbmischungen und entwickelt neuartige Lacke. Nach Feierabend bastelt er manchmal bizarre Tierköpfe aus übrig gebliebenen Drähten, die er in seinem Büro und zu Hause an die Wand hängt. Mit einer Spinne, die auf einigen Fotos zu sehen ist, versucht er seine Arachnophobie zu bannen. Siva zählt bald zu den Marktführern; der Absatz steigt. Auch weil Anwohner sich über die Gerüche beschweren und die Firma mehr Platz braucht, trägt Accati das Turiner Fabrikgebäude Stein für Stein ab und lässt es in dem Industrievorort Settimo Torinese auf einem größeren Gelände wieder aufbauen. Settimo, früher für seine Lavendelfelder berühmt, beherbergt ein extra für die Fiat-Arbeiter gebautes Viertel und hat damals 12.000 Einwohner. Chemiefabriken und pharmazeutische Firmen haben hier ihren Sitz, die Luft riecht nach Schwefel, manchmal mischt sich auch Kaffeearoma darunter, das von der Lavazza-Niederlassung herüberweht. Turin boomt. Das Wirtschaftswunder kündigt sich an, alle Betriebe expandieren. Die Bevölkerung von Turin wächst um 42 Prozent, auch Settimo wird größer. Accati gründet eine Schwesterfirma. Die Angestelltenzahl verdoppelt sich auf 21; ein Verkaufsleiter wird eingestellt, Francesco Proto, ein gebürtiger Süditaliener aus Amalfi, überberstend vor Vitalität. Accati begegnet ihm mit den üblichen Vorurteilen der Norditaliener und vermutet eine Neigung zur Korruption, aber Proto beweist das Gegenteil und entpuppt sich als Glücksfall für die Firma, er wird zu Levis engstem Vertrauten. Der Chef, ein klassischer Firmenpatriarch, fährt schon bald Protos Familie mit seinem Luxusauto spazieren. Wer hart arbeitet, wird belohnt: Accati hilft beim Hauskauf, stellt weitere Familienmitglieder ein. Levi besucht mit ihm Kunden in Vercelli oder Casale; mittags wird Rast in Landgasthäusern eingelegt. Das Unternehmen produziert die in ganz Italien verwendete Farbe Sivalux, auch für Automotoren und Kühlschränke sind die ummantelten Kabel vonnöten. Levi und Accati unternehmen erste Reisen nach Deutschland und beginnen, mit Bayer und BASF zusammenzuarbeiten. Wenn bei den Terminen Levis Ärmel hochrutscht und seine Tätowierung sichtbar wird, herrscht betretenes Schweigen. So erfolgreich die Siva auch ist, sie bleibt ein Familienbetrieb. Ein friaulisches Ehepaar namens Fracas hat die Hausmeisterpflichten inne. Nachts überwacht der Mann die Farbproduktion und testet mit rohen Zwiebeln, ob die richtige Betriebstemperatur erreicht ist. Levi ist fasziniert vom Dialekt der Fracas, in den sich auch slowenische Wörter mischen; später tauchen die beiden in einer Erzählung auf. Es gibt eine Kantine, in der Signora Fracas täglich für die gesamte Belegschaft kocht: friaulische Nudelgerichte, je nach Saison Karnevalskrapfen oder Schokoladenkuchen, Wein. Die Chemiker beenden das Mahl mit Zigarren und einem Schluck Whiskey, auch ein kurzer Mittagsschlaf, Kartenspiele oder Zeitungslektüre gehören dazu. Im Winter gibt es Schneeballschlachten auf dem Hof der Fabrik, im Sommer radelt man eine Runde. Die Pause dauert zwei Stunden, um 14 Uhr ruft die Sirene zur Nachmittagsschicht. Levi, der mehr und mehr administrative Aufgaben zu erledigen hat und seltener im Labor steht, ist bei den Mitarbeitern sehr beliebt. 1953 befördert ihn Accati zum technischen Direktor, später wird er zum Geschäftsführer aufsteigen.

Der Verlag De Silva wird 1949 verkauft, die Rechte von *Ist das ein Mensch?* gehen an den neuen Besitzer über, rund 600 Exemplare von Levis Erstauflage verschwinden in einem Lager in Florenz. Sie werden bei der Überschwemmung der Stadt im Jahr 1966 vollständig vernichtet. Der jüdische Dichter Umberto Saba aus Triest, selbst ein Einaudi-Autor, schreibt am 26. Oktober 1948 an seinen Verleger Giulio Einaudi und bittet um Levis Adresse: »Er wohnt in Turin, wo er als Chemiker arbeitet und hat ein großartiges Buch geschrieben, das ich gern von Dir veröffentlicht gesehen hätte. Aber, genau wie ich, kannst Du auch nicht alles haben.« Saba wendet sich am 3. November 1948 direkt an den Verfasser: »Lieber Herr Primo Levi, ich weiß nicht, ob es Sie erfreut, von mir zu hören, dass Ihr Buch *Ist das ein Mensch?* sehr viel mehr ist als ein schönes Buch. Es ist ein unabwendbares Buch. Jemand musste es schreiben: Und das Schicksal hat gewollt, dass dieser Jemand Sie sind.« Mit dem Adjektiv »unabwendbar« markiert Saba, dass es Levi gelungen ist, die Ermordung der Juden aus der Kontingenz der Kriegsereignisse herauszulösen und das Singuläre zu unterstreichen: Der vollständige Verlust moralischer Maßstäbe war beispiellos. Im Unterschied zu den Einaudianern erkennt Saba den epochalen Wert des Zeugnisses.

1952 wendet sich auch Levi selbst erneut an Einaudi. Sein Fall wird in der berühmten wöchentlichen Mittwochssitzung verhandelt: »Boringhieri übermittelt«, heißt es im Protokoll vom 23. Juli, »dass Primo Levi, hervorragender Übersetzer wissenschaftlicher Bücher, wissen möchte, ob wir bereit wären, sein bei De Silva veröffentlichtes und fast vollständig vergriffenes Buch *Ist das ein Mensch?* wieder aufzulegen. Der Beirat der Lektoren wäre dafür, doch Einaudi merkt an, De Silva sei vor einiger Zeit von dem Verlag La Nuova Italia gekauft worden, und vom kommerziellen Standpunkt aus hätte eine Neuausgabe des schönen Buches von Primo Levi, das bereits von zwei Verlagen publiziert worden sei, wenig Aussicht auf Erfolg. Eine Entscheidung wird nicht getroffen.« Levi bleibt hartnäckig. Zuerst verhindert jedoch ein Titel mit einer ähnlichen Stoßrichtung die Veröffentlichung: 1954 erscheint Robert Antelmes Zeugnis seiner Deportation in das KZ Buchenwald-Gandersheim *Das Menschengeschlecht* in dem Turiner Verlag. Antelme, mit Marguerite Duras verheiratet, ist mit dem Einaudi-Lektor Elio Vittorini eng befreundet und hat die bessere Lobby.

Im Sommer 1955 kommt es dann doch noch zu einem Vertrag. Der Verlag steckt in einer finanziellen Krise, und Levi erklärt sich einverstanden, einen Teil des 40.000 Lire betragenden Vorschusses in Form von Aktien zu akzeptieren. Es dauert, und im Mai 1956 wird ein neuer Vertrag aufgesetzt, die Veröffentlichung verschiebt sich noch zwei Mal, und schließlich erscheint *Ist das ein Mensch?* im Sommer 1958 in einer erweiterten Fassung in einer Auflage von 2000 Exemplaren – und wird zum Erfolg. Um die beiden Levis in seinem Programm unterscheiden zu können, spricht der für seine ruppige Art bekannte Verleger Giulio Einaudi nur noch von »Levi-Christus« und »Levi-Mensch«. Sonst hat er ein glänzendes Gespür für wichtige Stoffe und mögliche Erfolge – seinen zweiten Levi unterschätzt er. Binnen sechs Monaten ist das Buch vergriffen, einige der profiliertesten Kritiker, darunter Italo Calvino, heben die erzählerische Kraft und den außergewöhnlichen Umgang mit dem Sujet hervor, und es folgt Auflage um Auflage, bis heute. In mehrere Länder werden Lizenzen verkauft. 1959 erscheint eine englische Ausgabe, zwei Jahre später eine amerikanische. Auch in Paris kommt *Ist das ein Mensch?* 1961 heraus, allerdings in einer miserablen Übersetzung. In Deutschland erwirbt S. Fischer die Rechte. Levi ist alarmiert, schreibt 1959 einen harschen Brief und fordert eine kapitelweise Überstellung der Übersetzung zur Kontrolle, so besorgt ist er, es könne einen falschen Zungenschlag bekommen – gerade in Deutschland will er das unbedingt vermeiden. Die neue Bundesrepublik scheint ihm nicht gerade vertrauenserweckend. Eine Wiedergutmachungszahlung durch die IG Farben, die der befreundete Turiner Rechtsanwalt Rudolf Loewenthal für ihn und Nardo De Benedetti nach sechs Jahren erstritten hatte, betrug 122,70 DM. Auch wegen der spürbaren Verdrängung der Verbrechen ist Levi die deutsche Ausgabe wichtiger als jede andere. Als ihm der Übersetzer Heinz Riedt antwortet, ist er erleichtert, »ein untypischer Deutscher« sei das, ein Nazi-Gegner, Sohn eines Diplomaten. Riedt war in Italien aufgewachsen, hatte in Padua studiert und Goldoni übersetzt. Sein Vater landete im Lager, und er selbst kämpfte im italienischen Widerstand in den Eugenaeischen Hügeln. Einer der über zwanzig Briefe, die Levi mit Riedt wechselte, wird als Vorwort abgedruckt. Pünktlich zur Buchmesse 1961 erscheint die deutsche Ausgabe: »Ein Buch für jedermann« lautete der Werbespruch von Fischer. Es kommt im richtigen Moment. In Jerusalem hatte der Prozess gegen Adolf Eichmann begonnen, in Frankfurt laufen die Vorbereitungen für die Auschwitz-Prozesse, es war zu spektakulären Festnahmen ehemaliger KZ-Kommandanten gekommen. Die Resonanz auf *Ist das ein Mensch?* ist groß, über 20.000 Exemplare werden verkauft. Günter Grass ist »schmerzlich beeindruckt«, und zahlreiche Leser schreiben Levi. Darunter auch eine Dame mittleren Alters aus Wiesbaden, geschiedene Ehefrau eines IG-Farben-Chemikers. Hety Schmitt-Maas stammte aus einer oppositionellen Familie, hatte in ihrer Jugend die Mitgliedschaft beim BDM verweigert und war von der Schule geflogen. Ihr Vater war in Dachau interniert gewesen. Inzwischen arbeitet sie beim Kulturamt und ist umgetrieben von der Frage der deutschen Schuld. Mit Hety Schmitt-Maas, die ihm häufig achtseitige Briefe schickt, verbindet Levi bald eine enge Freundschaft. Sie nennt *Ist das ein Mensch?* eine Pflichtlektüre. Die beiden korrespondieren in einer Mischung aus Englisch, Französisch und etwas Deutsch. Unterdessen ist Italo Calvino in den Einaudi Verlag eingetreten. Er wird Levis Lektor, und ihm schickt der Schriftsteller 1961 ein Konvolut von *Storie naturali*, die er teils bereits in Zeitungen veröffentlicht hat. Levi liefert mitnichten eine neue Naturgeschichte, sondern untersucht die Spielarten der menschlichen Natur.

Der Titel verweist auf die *Historia naturalis* von Plinius. Am 22. November antwortet Calvino: »Lieber Levi, endlich habe ich Deine Erzählungen gelesen. Die Science-Fiction- oder besser: Bio-Fiction-Erzählungen faszinieren mich immer wieder. Der fantastische Mechanismus, der bei Dir von einer wissenschaftlichen-genetischen Tatsache ausgeht, hat eine große intellektuelle und auch poetische Suggestivkraft, wie sie für mich die genetischen und morphologischen Abschweifungen eines Jean Rostand haben. Dein Humor und Deine Liebenswürdigkeit bewahren Dich vor dem Abgleiten auf ein triviales Niveau, eine Gefahr, in die gewöhnlich gerät, wer sich für intellektuelle Experimente dieser Art festgelegter literarischer Muster bedient. Einige Deiner Einfälle sind erstklassig, wie der vom Assyrologen, der das Bandwurmmosaik entziffert; und die Beschwörung des Ursprungs der Zentauren hat poetische Kraft, eine zwingende Plausibilität. (...) Freilich fehlt Dir noch die sichere Hand des Schriftstellers, der eine ausgebildete stilistische Persönlichkeit hat; wie Borges, der die disparatesten kulturellen Anregungen nutzt und jeden Einfall in etwas verwandelt, was ausschließlich seines ist, dieses einzigartige Klima, das wie eine Signatur ist, an der man die Werke jedes großen Schriftstellers wiedererkennt. ( ) Kurz, das ist eine Richtung, in die ich Dich ermutigen möchte weiterzuarbeiten, vor allem aber einen Ort zu finden, wo Dinge dieser Art mit einer gewissen Kontinuität erscheinen können und den Dialog mit einem Publikum begründen, das sie zu schätzen weiß.« Die Würdigung ist ein zweischneidiges Schwert – denn dieser Ort ist erst einmal nicht Einaudi, Calvino empfiehlt eine Zeitschrift. Levi ist enttäuscht, nimmt sich noch einmal einen autobiografischen Stoff vor: die Heimreise von Auschwitz. Er schreibt abends, an Feiertagen und im Urlaub. Als die Erzählungen 1966 dann doch noch erscheinen, muss Levi sie auf Wunsch des Verlages unter einem Pseudonym veröffentlichen:

Damiano Malabaila. Allzu irritierend sei es für sein Publikum, hinter dem Auschwitz-Zeugen einen Schriftsteller mit einer Vorliebe für satirische Science-Fiction zu entdecken. Calvino spricht im Klappentext von *divertimenti*. Von heute aus betrachtet, erstaunt die prophetische Fantasie Levis. Es gibt zum Beispiel einen »Total-Rekorder« und ein »Minibrain«, die im Grunde ein Vorläufer des Smartphones sind. Der geschäftstüchtige amerikanische Verkäufer geht am Ende an seinen Maschinen zugrunde. Ein technikbegeisterter Ehemann nimmt die Dienste eines »Mimetikers« in Anspruch, um seine Frau zu verdoppeln. 1962 produziert der kanadische Rundfunk eine Hörspielfassung von *Ist das ein Mensch?* Ein Element ist ein Klangteppich aus mehreren Sprachen, der Levis Erfahrung sehr nahe kommt. Er ist tief beeindruckt und schlägt der italienischen RAI vor, etwas Ähnliches zu versuchen und wählt einzelne Episoden aus. Es kommt zu einer Produktion im Freien in einem kleinen Ort unweit von Turin. »Brozzolo war aus folgendem Grund gewählt worden: Es war eines von wenigen Dörfern im Piemont, wo die Bauern noch Holzpantinen benutzen, und hier wurde eine Menschenmenge gebraucht, die in Holzpantinen herumlief. (...) Für mich war das ein sehr eigenartiges Wiedererleben am eigenen Leib«, schildert er die Arbeit in einer Radiosendung. Das Hörspiel wird sehr gelobt, kurze Zeit später entstehen erste Bühnenfassungen. Im April 1963 erscheint *Die Atempause* und stößt auf überbordende Zustimmung, was auch seinem Erstling zu neuer Beachtung verhilft. Der große Erfolg ist für Levi eine Genugtuung. Endlich fühlt er sich als Schriftsteller. Es ist die Zeit, in der auch Journalisten wie Silori anreisen, um ihn fürs Fernsehen zu interviewen. Überhaupt findet er Gefallen an Geselligkeiten. Er besucht den Salon von Tina Rieser am Corso Francia, eine elegante Mathematikerin um die Fünfzig aus dem Turiner Großbürgertum. Tina Rieser, überzeugte Kommunistin und ehemalige Widerstandskämpferin, ist selbst eine Figur der Literaturgeschichte: Als »Frau mit der rauen Stimme« hatte Cesare Pavese sie in seinen Gedichten apostrophiert und komplett den Kopf für sie verloren. Weil man bei ihm zu Hause bereitwillig von ihm für sie versteckte, kompromittierende Briefe an sie fand, hatte er sogar die Verbannung nach Kalabrien auf sich genommen. Tina heiratete allerdings einen polnischen Juden. Ihr Salon ist ein kultureller Umschlagplatz, und Levi weckt mit seiner leutseligen Art und dem jungenhaften Charme immer wieder Beschützerinstinkte bei mütterlichen Frauen. Er pflegt etliche freundschaftliche Beziehungen. Die verwitwete Zugehfrau seiner Firma Siva, Orsolina Ferrero, schließt den leitenden Chemiker ins Herz, den sie »*mio bambino*« nennt. Levi fährt sie zur Piazza Castello, damit sie die Weihnachtsbeleuchtung in der Innenstadt anschauen kann und produziert für sie eines Tages im Labor aus Karbondioxid künstlichen Schnee. Die Siva ist mittlerweile um eine weitere Tochterfirma gewachsen und hat jetzt 170 Mitarbeiter. Levis Berichte über Kundengespräche mit großen Unternehmen wie Pirelli oder Zanussi gelten als vorbildlich: klar aufgebaut, präzise, knapp. Es sind Eigenschaften, die auch seine literarische Prosa kennzeichnen.

In den folgenden Jahren veröffentlicht Levi zwei Erzählungsbände, darunter die erwähnten *Storie naturali* – den Bann, nur Verfasser eines einzigen Buches zu sein, hat er längst gebrochen. Er schreibt regelmäßig für die Turiner Tageszeitung *La Stampa*, nimmt an Konferenzen teil, hält Lesungen ab. Schriftstellerkollegen wie Mario Rigoni Stern, mit dem er Bergsteigen geht, werden zu engen Freunden. Levi ist jetzt eine öffentliche Figur; in der Firma behandelt man ihn mit Respekt, aber der Chemiker macht nicht viel Aufhebens von seinen literarischen Aktivitäten. Die neue Telefonistin der Siva, Carmen Franchi, braucht ein geschlagenes Jahr, bis sie begreift, wer ihr Geschäftsführer ist.

»Ich saß jeden Tag neben ihm in der Kantine«, erzählt sie, »aber er ließ nie durchblicken, dass er *der* Primo Levi war.« Als ein jugoslawischer Chemiker anreist und fragt, ob Levi der Verfasser eines berühmten Buches sei, wiegelt er ab: »Sie meinen Carlo Levi.« »Ich bin zweigeteilt«, erklärt Levi selbst seine Doppelexistenz. »Der eine Teil geht in die Fabrik: Dort bin ich Techniker, Chemiker. Der zweite Teil ist vom ersten komplett getrennt, es ist der, mit dem ich schreibe, Interviews gebe, von meinen vergangenen und gegenwärtigen Erfahrungen erzähle. Es sind zwei halbe Gehirne. Eine paranoide Spaltung.« – »Was interessiert Sie denn an der Chemie?«, fragt ihn Ferdinando Camon 1986. »Mich interessiert der Kontakt mit der Materie«, gibt Levi zurück. »Ich will die Welt verstehen, die mich umgibt.«
Es gibt ein Familienfoto aus der Zeit, aufgenommen für eine Illustrierte. Primo Levi sitzt in seinem Arbeitszimmer, vor sich auf dem Tisch eine Schreibmaschine, hinter ihm vollgestopfte Bücherregale. Sein sechsjähriger Sohn späht dem Vater über die Schulter. Der Schriftsteller ist im Profil zu sehen, wie immer korrekt gekleidet mit Anzug, Krawatte und weißem Hemd. Er schaut zu Lucia, die halb über Renzo gebeugt ist und ihren Mann anlacht. Ihre ganze Körperhaltung drückt Zuwendung aus, so als wolle sie Mann und Sohn gleichzeitig umarmen. Sie trägt eine modische Kurzhaarfrisur und einen kurzärmeligen Pullover. Eine attraktive Frau. Am linken Bildrand auf Levis anderer Seite, die Augen ebenfalls auf den Vater gerichtet, steht Lisa, 15-jährig im Trägerrock, auch sie lacht und wirkt, als sei sie stolz auf das berühmte Familienoberhaupt. Obwohl er sitzt, ist Levi das Zentrum des Bildes. So fröhlich und beflissen Lucia auch wirkt, das Foto zeigt nur die eine Seite. Tatsächlich ist die Situation zu Hause oft angespannt. Seit Jahren regelt Lucia allein den Alltag und bewerkstelligt die Erziehung der Kinder, gleichermaßen unterstützt und überwacht von ihrer Schwiegermutter Rina.

Primo Levi arbeitet außer Haus, geht auf Reisen und widmet seine freie Zeit der Literatur und seinen Freunden. Seine Bedürfnisse sind maßgeblich, seine Vergangenheit hält ihn weiter in Schach. Über Hety Schmitt-Maas knüpft er 1967 Kontakt zu einem Chemiker, mit dem er in Auschwitz zusammenarbeitete: Ferdinand Meyer, in *Die Atempause* unter dem Namen Lothar Müller porträtiert. Levi ist elektrisiert, als er hört, dass Meyer noch lebt. Es handelt sich um einen der wenigen Deutschen, der mit den KZ-Häftlingen anständig umging. Es kommt zu einem kurzen Briefwechsel; Meyer klingt selbstmitleidig und bittet indirekt um Absolution. Auf einer Dienstreise nach Deutschland mit Rico Accati für die Siva arrangiert Levi zum ersten Mal ein Treffen mit der Brieffreundin und macht einen Abstecher nach Wiesbaden, wo Hety mit ihrer Mutter lebt. Der Besuch ist zunächst ein voller Erfolg. In bester italienischer Manier umgarnt Accati die Damen charmant, die hingerissen sind, die alte Mutter fühlt sich an den Filmschauspieler O. E. Hasse erinnert. Hety ist erstaunt, in Levi einen Mann mit »Strahlkraft« zu entdecken, sie hatte ihn sich »gequälter« vorgestellt. Mit ihrer Neigung zu Übergriffen entscheidet Hety, Ferdinand Meyer anzurufen und reicht ihn kurzerhand an Levi weiter, der sich sträubt, dann aber doch mit ihm spricht. Meyer zu treffen, könne er sich nicht vorstellen, lässt er die Freundin später wissen. »Ich habe wirklich Angst«, schreibt er auf Deutsch. Meyer ruft Levi noch einmal in Turin an und bittet um einen Besuch, aber Levi sieht sich dazu außerstande. Die Frequenz der Briefe zwischen Turin und Wiesbaden nimmt weiter zu, es geht oft um private Belange, und Lucia fühlt sich ausgeschlossen. Am 8. November vertraut Levi der deutschen Freundin seine Eheprobleme an: »Lucias allgemeine Anspannung wird immer schlimmer. Intellektuellen gegenüber, vor allem, wenn es sich um Frauen handelt, ist sie äußerst misstrauisch. Für sie sind es grundsätzlich aufschneiderische, scheinheilige, selbstsüchtige Menschen, und es kommt oft vor, dass sie meine Gespräche mit solchen Leuten mit komplett aus der Luft gegriffenen, haltlosen Meinungen unterbricht (derer sie sich dann später oft schämt) und mir in einer Art naiver Sabotage dickköpfig widerspricht.« Und Levi hat zahlreiche Freundinnen, teils noch aus seiner Jugend, die großen Spaß an intellektuellen Auseinandersetzungen haben und einen unabhängigen Kopf besitzen. Neben Tina Rieser gehört vor allem die Rechtsanwältin Bianca Guidetti Serra dazu, außerdem seine Cousine, die Juristin und Literaturwissenschaftlerin Ada della Torre, und neuere Bekanntschaften wie Franca Mussa Ivaldi. Franca ist bei einer Reise nach Israel dabei, und anschließend kursieren in Turin Gerüchte; als Familienvater solle Levi auf seine Reputation achten, rät ihm die jüdische Gemeinde bald. Lucia komme eigentlich niemandem nahe, klagt er Hety, höchstens ihrer Mutter, nicht einmal zu ihrer Zwillingsschwester habe sie eine engere Beziehung. Aber auch für Lucia ist es schwer, denn das Verhältnis hat sich komplett umgedreht. Aus dem auf sie angewiesenen, von Auschwitz gebeutelten jungen Chemiker war ein erfolgreicher Unternehmer und Schriftsteller geworden. Sie fühlt sich von ihrem Mann im Stich gelassen. Er ist schlichtweg nicht da. Ihre Arbeit als Lehrerin an einer Abendschule ist zermürbend, außerdem gerät die pubertierende Tochter in die Wirren der Studentenbewegung, die in Turin besonders militant ist und sich auf die Fabriken ausdehnt. Als Geschäftsführer einer großen Firma gehört der Vater zur Gegenseite. Außerdem kommt es auf dem Gelände der Siva zu mehreren schwerwiegenden Unfällen; eines Nachts droht ein Turm, der nach Plänen von Levi gebaut wurde, in die Luft zu fliegen und ganz Settimo zu verseuchen. Levi rast mit dem Auto nach Settimo, erkennt die Fehlerquelle und greift beherzt ein, aber der Druck ist enorm. Wieder vertraut sich Levi der Freundin in Wiesbaden an. Er sei von einer tiefen

Müdigkeit ergriffen, Turin wirke grau und farblos, lässt er sie Ende der sechziger Jahre einmal wissen. Ein weißes Blatt Papier flöße ihm nichts als »körperliches Unwohlsein« ein. »Aber diese Stimmung wird verfliegen, sie muss verfliegen«, schreibt er ihr. Am 25. Januar 1969 heißt es in einem Brief an Hety: »Leider sind derartige Episoden nicht neu für mich, sowohl vor als auch nach Auschwitz, und es ist nicht einfach, die Ursache zu erkennen.« Später ist ihm seine Offenherzigkeit peinlich. Primo Levi litt schon vor dem Krieg unter depressiven Verstimmungen, die jetzt verstärkt zurückkehren. In der Familie ist eine Tendenz zur Depression vorhanden, mit der Levi sich aber nie näher befasst – den Selbstmord seines Großvaters Michele schiebt er auch Tesio gegenüber rasch beiseite. Dabei ist es beileibe nicht der einzige Suizid unter seinen Verwandten. In wenigen Interviews, nämlich mit Giorgio De Rienzo 1979, mit Germaine Greer 1985, mit Ferdinando Camon 1986 und mit Tesio, erwähnt Levi Selbstmordgedanken und Phasen von Düsternis, spielt sie aber eher herab. Auf Auschwitz seien seine psychischen Abstürze nicht zurückzuführen, gibt er zu. Keinen Grund erkennen zu können, muss für den auf Ursache und Wirkung geeichten Wissenschaftler eine Anfechtung sein. Tatsächlich überwiegt in akuten Phasen die Scham.
Die Zustände treten in den folgenden Jahren immer wieder auf, halten länger an und werden heftiger. Im Sommer 1971 fühlt sich der Schriftsteller vier Monate lang wie ein Schiffbrüchiger, lässt er Hety wissen und will sie von einem geplanten Besuch in Turin abhalten. Resolut, wie sie ist, reist die Wiesbadenerin dennoch an und begegnet erstmals Lucia, der sie einen Kaschmirschal mitbringt. Sie habe sich eine Frau mit »Kontaktscheue« vorgestellt, gibt sie zu, stattdessen sei Lucia »eine strahlende, selbstbewusste Person«. Verzerrte Wahrnehmung scheint es auch auf Levis Seite zu geben. Weil seine Schwermut bis in den

Hochsommer anhält, greift er zu Medikamenten und nimmt Beruhigungsmittel. An seinen alten Freund, den Arzt Nardo De Benedetti schreibt er am 13. August: »Ich warte so sehr darauf, Dich endlich wiederzusehen. Deine weisen, ruhigen Worte tun mir gut; ich kann Dir Dinge sagen, die ich Lucia niemals anvertrauen könnte und auch keinem anderen Freund.« Die Sommerfrische an der ligurischen Küste sei schlimmer als ein Konzentrationslager. »Ich erkenne mich selbst nicht wieder. Alles, was ich will, ist wieder der normale Primo Levi zu werden.« Inmitten der vergnügten Badegäste fühle er sich tot, heißt es an Hety Schmitt-Maas, und er gibt zu, medizinische Hilfe zu brauchen. »Ich habe alle Lebenslust verloren; mich erfrischen weder Gespräche mit anderen Menschen, noch Lektüren, noch das Schreiben. In Gedanken bin ich immer bei der Arbeit in der Fabrik, wo es nicht sonderlich gut läuft, und die ich abgrundtief hasse; ich habe alle Hoffnung auf eine Zukunft als Schriftsteller verloren, also was für ein Leben erwartet mich noch?«
Dennoch, nach einigen weiteren Wochen verfliegt die Attacke. 1973 ändert Levi sein äußeres Erscheinungsbild. Er ist 53 Jahre alt und lässt sich einen Bart wachsen. Es sei ein Wettstreit mit seinem Sohn Renzo gewesen, der Che Guevara nacheifere, und am Ende habe aber er, Primo, gewonnen, erzählt er Freunden. Levi reist dienstlich mehrfach in die Sowjetunion, nach Togliattigrad. Es kommt wiederholt zu dramatischen Zwischenfällen auf dem Gelände der Siva, wo man mit Schutzmaßnahmen eher fahrlässig umgeht. 1975 ist er der Doppelbelastung endgültig überdrüssig und gibt seinen Direktorenposten ab. »Ich habe fast dreißig Jahre in einer Fabrik gearbeitet, und ich muss zugeben, dass das Dasein eines Chemikers nicht unvereinbar ist mit dem eines Schriftstellers: Tatsächlich verstärkt sich beides gegenseitig«, erläutert er Philip Roth. »Aber zum Leben in der Fabrik und insbesondere zum Betriebsmanagement gehören

viele Dinge, die wenig mit Chemie zu tun haben: Einstellungen und Entlassungen; Streitereien mit dem Chef, mit Kunden und Lieferanten; Unfälle; selbst nachts oder während eines Abendessens bei Freunden ans Telefon gerufen zu werden; Umgang mit der Bürokratie und viele andere seelenzerstörende Aufgaben. All diese Dinge sind auf brutale Art unvereinbar mit dem Schreiben, das ein bestimmtes Maß an Gemütsruhe verlangt. Daher habe ich mich geradezu wiedergeboren gefühlt, als ich pensioniert wurde und mich zurückziehen und so von meiner Seele Nummer eins lösen konnte.« Mit dem starren Berufsalltag ist es vorbei, zwei Jahre lang arbeitet Levi noch halbtags als Berater für seine Firma oder steht in Notfällen zur Verfügung. Eine neue Lebensphase beginnt. Zuerst ist er wie befreit und voller Energie, geht nachmittags in den American Club am Corso Trapani, wo er Schwimmunterricht nimmt. 1975 erscheint seine autobiografische Porträtgalerie *Das periodische System*, in dem er auch von seinen Vorfahren, dem Widerstand im Aosta-Tal und seinem Beruf erzählt. Jedes der 21 Lebensereignisse ist einem Element im Periodensystem zugeordnet. Wieder handelt es sich um eine dichte Prosa von großer Intensität. In dem Abschnitt *Chrom* huldigt er Lucia: »Nun geschah es, dass am nächsten Tag das Schicksal für mich ein ganz anderes, einzigartiges Geschenk bereithielt: Die Begegnung mit einer Frau, jung, aus Fleisch und Blut, warm, dass ich es durch unsere beiden Mäntel spürte, fröhlich mitten im feuchten Nebel der Alleen, geduldig, gescheit und selbstsicher, so ging sie mit mir durch die Straßen, an denen sich noch Trümmer türmten. (...) Innerhalb weniger Stunden fühlte ich mich wie neugeboren und erfüllt von neuer Kraft, gereinigt und genesen von langem Leiden, endlich bereit, freudig und kraftvoll ins Leben zu schreiten; und ebenfalls genesen war plötzlich die Welt um mich herum, und gebannt waren der Name und das Gesicht jener Frau, die mit mir in das

Reich der Toten hinabgestiegen und nicht daraus zurückgekehrt war. Selbst das Schreiben wurde zu einem ganz anderen Abenteuer, es war nicht mehr der schmerzensreiche Weg eines Genesenden, nicht mehr ein Betteln um Mitgefühl und freundliche Gesichter, sondern ein Bauen bei klarem Bewusstsein, ohne das Gefühl der Einsamkeit: gleich dem Wirken eines Chemikers, der wiegt und teilt, misst, anhand sicherer Proben urteilt und sich befleißigt, eine Antwort auf das Warum zu geben.« Eine Form der nachgetragenen Liebe; die Bemerkungen zu Tesio klingen fast wie ein Echo der Passage. Der Erfolg des *Periodischen Systems* ist überwältigend: Levi wird in allen Zeitungen gefeiert, mit mehreren Preisen ausgezeichnet, die Verkaufszahlen sind glänzend und erreichen allein in den ersten Monaten über 32.000. Dieses Buch konnte erst nach seiner Pensionierung entstehen, allzu eng lehnt es sich an seinen Alltag in der Fabrik an, trotz der Rückblenden in die Jugend. Tatsächlich meldet sich der eine oder andere zu Wort, der sich hinter den Figuren wiedererkennt, teils durchaus konsterniert. Das Kapitel *Eisen* enthält ein eigentlich schmeichelhaftes Porträt seines Schulfreundes Sandro Delmastro, zupackender Bergsteiger, Chemiker, von den Faschisten hingerichteter Partisan; trotzdem protestierten seine Enkel, weil Levi das Bäuerliche an ihm hervorgehoben habe. »Jeder von uns ist eigentlich drei verschiedene Personen«, reagiert der Schriftsteller und nimmt die Irritationen in Kauf, »eine Person, die wir tatsächlich sind, eine Person, die wir gern wären und eine dritte, die andere in uns sehen.« Die Einwände der Familie scheinen ihm trivial: So funktioniere Fiktion nun einmal. Sein ästhetisches Vermögen hat sich auch durch seinen Beruf geschärft: »Meine Chemie, die eine »niedere«, fast eine Küchenchemie war, hat mir in erster Linie ein großes Sortiment an Metaphern beschert. Ich finde mich reicher ausgerüstet als andere Schriftstellerkollegen, weil für mich Wörter wie ›hell‹,

›dunkel‹, ›schwer«, ›leicht‹, ›hellblau‹ eine breitere und konkretere Skala von Bedeutungen haben. Für mich ist hellblau nicht nur die Farbe des Himmels, mir stehen fünf oder sechs andere Blaus zur Verfügung. (...) Ich will sagen, dass ich Werkstoffe in der Hand hatte, die im Alltag ungebräuchlich sind, die ungewöhnliche Eigenschaften aufweisen, und sie haben mir dazu gedient, die Sprache im technischen Sinn zu erweitern. Ich verfüge somit über einen Bestand von Rohstoffen, >Bausteinen<, zum Schreiben, der etwas umfangreicher ist als bei jemandem, der keine technische Ausbildung besitzt.« Die Faszination von Levis *Periodischem System* liegt gerade in seiner Dichte und der ästhetischen Geschlossenheit. Neben Paolo Volponi ist Primo Levi einer der wenigen Wissenschaftler-Schriftsteller Italiens. Auf den ersten Blick vertritt er eine viel traditionellere Schreibweise als viele seiner Zeitgenossen. Man muss sich das literarische Umfeld vergegenwärtigen: Damals waren immer noch die experimentellen Romane des *gruppo 63* angesagt, einer neoavantgardistischen Gruppe, die sich die Erneuerung der Literatur und Kunst auf die Fahnen geschrieben hatte. Auch Calvino gehörte dazu. Theorie! Zersplitterte Erzählformen, Prosa-Apparaturen, Kartenspiele, die Romane generieren, Landkarten! Allerdings ist Levi mit dem Modell des Periodensystems und der Verschränkung chemischer Stoffe mit Stimmungen und Erfahrungen sehr viel innovativer. Dass die einzelnen Elemente wie *Gold* oder *Chrom* dann perfekt durchkomponierte Geschichten sind, hängt mit Levis Vorliebe für gutes Handwerk, »*il lavoro ben fatto*«, zusammen. Auch der Satzbau zählt für ihn dazu. Sein Gesamtwerk ist dennoch aufregend hybrid, was man damals nicht sah. Dokumentarische Verfahren, fiktionalisierte Autobiografie, Fiktion, Science-Fiction, Lyrik – Levi hat alles ausprobiert.

Mitte der siebziger Jahre kühlte die Brieffreundschaft mit Hety ab. Levi ist irritiert, weil sie mit Albert Speer Kontakt aufnimmt und ihn in Heidelberg besucht und Hitlers Baumeister dann auch noch *Ist das ein Mensch?* aufdrängt. »Erklär mir: Was hat Dich dazu getrieben, mit Speer zu sprechen? Neugierde? Pflichtbewusstsein? Mission?« 1976 verschlechtert sich der Gesundheitszustand von Rina Levi, die Familie muss eine Krankenschwester einstellen. Aber die Mutter ist zäh, sie erholt sich wieder. Politisch beginnt eine Phase, in der Italien von terroristischer Gewalt erschüttert wird. Turin ist besonders betroffen. Die Stimmung ist aufgeheizt, die Fronten unklar. Es gibt neofaschistische Anschläge, bei denen, was man damals nicht weiß, der Geheimdienst seine Finger im Spiel hat. Dann nehmen die Roten Brigaden Repräsentanten des Staates ins Visier, anschließend Journalisten. In Turin wird ein Prozess gegen die Roten Brigaden eröffnet, einer der Angeklagten ist Renato Curcio. Ein Polizist und ein Rechtsanwalt werden ermordet. Vor *La Stampa* explodiert eine Bombe. Im November 1977 wird der Leiter des Ressorts für Innenpolitik in seinem Hauseingang erschossen. Es ist Carlo Casalegno, Absolvent des D'Azeglio, Widerstandskämpfer, ein enger Freund Levis und sein Nachbar. Levi ist erschüttert. Gemeinsam mit Norberto Bobbio, Italo Calvino und anderen unterzeichnet er einen Aufruf gegen Gewalt, der in der Zeitung erscheint. Es kommt zu großen Demonstrationen, aber in den Fabriken schlagen sich viele Arbeiter auf die Seite der Terroristen.

Im Jahr darauf veröffentlicht Levi seinen Roman über den piemontesischen Arbeiter Faussone, *Der Ringschlüssel*. Das Buch war von seinen Aufenthalten in Togliattigrad inspiriert, wo er fasziniert beobachtet hatte, welchen großen Respekt die italienischen Facharbeiter dort genossen. Niemand habe je über sie geschrieben, obwohl sie doch einen ungeheuren Schatz an technischem Wissen besäßen, erklärt Levi seinen Ausgangspunkt. Im *Ringschlüssel* geht es um den Wert des Handwerklichen, im buchstäblichen Sinne: Das schöpferische Tun des Menschen mit der Hand. Faussone ist rund um den Globus unterwegs, um Masten, Brücken und Bohrtürme zu bauen. Auch auf ästhetischer Ebene betritt Levi wieder vollkommenes Neuland: Er verwendet die in den Fabriken entstandene piemontesische Fachsprache, einen Soziolekt mit ganz eigenen Begriffen und Metaphern, der eigentlich einen bäuerlichen Ursprung hat. Das Ergebnis ist faszinierend. Gewerkschafter werfen ihm allerdings Paternalismus vor, er beurteile einen Arbeiter aus der Perspektive des Chefs. Es brauchte wenig, um zwischen die ideologischen Fronten zu geraten. Im Juli erhält Levi für seinen Roman den wichtigsten italienischen Literaturpreis, den Premio Strega. Mittlerweile vollständig im Ruhestand, hat er mehr Zeit, aber ausgerechnet jetzt wird es zu Hause noch komplizierter, weil seine mittlerweile 80-jährige Mutter auf Zuwendung pocht. Nach einem Beinbruch ist sie weniger mobil; zwei Mal am Tag muss er mit ihr spazieren gehen und in der Gelateria Testa ein Vanilleeis essen. Zwischen seiner Frau und seiner Mutter scheint seit Jahrzehnten eine Art Stillhalteabkommen zu bestehen. Hety Schmitt-Maas gegenüber betont er die Ähnlichkeiten beider Damen: Sie seien »sehr anständig, schüchtern und halsstarrig«. Um seinen Neigungen zur Schwermut etwas entgegenzusetzen und der angespannten Atmosphäre im Corso Umberto 75 zu entgehen, schreibt sich Levi für einen Deutschkurs am Goethe-Institut ein. Die Verhandlungen mit Bayer und der BASF hatte er zwar jahrelang immer auf Deutsch geführt, aber es hapere an der Grammatik und dem Verständnis der Syntax, fand er.

Sein Beruf als Chemiker holt ihn noch einmal ein: Levi erfährt, dass er möglicherweise wegen unbeabsichtigter Körperverletzung vor Gericht belangt werden wird. Die Schutzbestimmungen bei der Siva waren mehr als fahrlässig, und eine ganze Reihe Arbeiter leidet an Spätfolgen. Als ehemaligen Geschäftsführer betreffen Levi zwei Fälle: Anfang der siebziger Jahre war ein Arbeiter mit einer Phenolvergiftung ins Krankenhaus gekommen, später ein weiterer Arbeiter wegen Xenol fast erblindet. Der leitende Staatsanwalt Raffaele Guariniello, ein Vorkämpfer des Arbeitsrechts und in Turin hochgeachtet, besucht gemeinsam mit einigen Inspektoren das Siva-Gelände und ist entsetzt. »Ich war schockiert, als ich erfuhr, dass Primo Levi ausgerechnet bei der Siva beschäftigt gewesen war. Er hatte unter unvorstellbaren Bedingungen in Auschwitz gearbeitet. Vielleicht war dies auch der Grund, weshalb er zu wenig auf die Sicherheitsbestimmungen und die – auf den ersten Blick sehr viel harmlosere – Gefährdung durch chemische Kontamination achtete. Auf merkwürdige Weise hat Auschwitz dazu geführt, dass Levi die Gefahren für Menschen in einer Chemiefabrik unterschätzte. Es tut mir leid, aber mein Eindruck war, dass es sich um einen sehr unprofessionellen Mann handelte.« Levi ist zwar in Pension, aber dennoch in heller Aufregung. Ausgerechnet er, der in Auschwitz ohne jeden Schutz mit Beta-Naphthalinsäure arbeiten musste und sonst sehr skrupulös ist, ist in so eine Angelegenheit involviert. 1983 wird der Prozess zu Levis Erleichterung eingestellt.

Unterdessen hatte Primo Levi auf Vorschlag seines Verlages eine Anthologie mit Texten herausgegeben, die für ihn als Schriftsteller prägend waren: *Die Suche nach den Wurzeln* (1981). Bei der Recherche für diesen Band wird ihm klar, wie wenig ihm die zeitgenössische Literatur bedeutete. »Bis auf die Ausnahme von Joseph Conrad sind mir die Schriftsteller des 20. Jahrhunderts gleichgültig. Romane langweilen mich. Außer natürlich, wenn es um meine eigenen geht!«, gesteht er einem Radiojournalisten. Aber etliche Klassiker finden seine Gnade, von Hiob, Lukrez und Darwin bis zu Bragg und Swift. Wissenschaftliche Abhandlungen haben sich genauso auf seine Arbeit niedergeschlagen wie literarische Texte. Ein Band mit Erzählungen erscheint, und

1982 kommt der Roman *Wann, wenn nicht jetzt?* heraus, die Geschichte einer jüdischen Widerstandsgruppe in Russland und Polen mit Anklängen an farbigere, osteuropäisch-jiddisch anmutende Erzählweisen. Dieses Mal schlägt Levi stilistisch und thematisch wieder andere Wege ein. Viele der Figuren sind frei erfunden. Nicht die gelehrte jüdische Welt steht im Vordergrund, sondern ein wilderes, draufgängerisches, aschkenasisches Milieu. Ihm sei ein »Western« gelungen, konstatiert ein Kritiker. Die große Resonanz überwältigt den Schriftsteller – inzwischen zählt er zu den wichtigsten Namen in der italienischen Literatur. Einaudi bittet ihn um die Übertragung eines Klassikers für eine Reihe mit Übersetzungen von Schriftstellern: Er soll sich Franz Kafkas *Prozess* vornehmen. Ein Unterfangen, das ihm sehr an die Nieren geht. Für einen Schriftsteller wie ihn, der nach Klarheit strebt, ist die halluzinatorische Düsternis kaum auszuhalten. Außerdem schildert Kafka das, was Levi erlebt hat. »Es war eine nicht schwierige, aber sehr schmerzliche Arbeit«, sagt er der australischen Publizistin Germaine Greer 1985, die ihn für das *Times Literary Supplement* interviewt. »Ich wurde krank dabei. Ich beendete die Übersetzung in einem Zustand tiefer Depression, der sechs Monate anhielt. Es ist ein Buch, das krank macht. (...) Jedem von uns kann der Prozess gemacht, er kann verurteilt und hingerichtet werden, ohne zu wissen, weshalb. Es ist, als ob dieses die Epoche prophezeit hätte, in der die bloße Tatsache, ein Jude zu sein, ein Verbrechen sein sollte.« Wieder taucht seine psychische Labilität in einem Interview auf. Diese Disposition steht in einem großen Kontrast zu dem Levi, den die Öffentlichkeit kennt: selbstironisch, sanft, witzig. Der Schriftsteller Ferdinando Camon, der zwischen 1982 und 1986 mehrfach zu Gesprächen für ein Buch anreist, bringt es auf den Punkt: »Ich habe den Eindruck, dass Sie von Natur aus jemand sind, der das Leben liebt, der es vorher geliebt hat und hinterher.

Zwischen dem Vorher und dem Hinterher gab es ein schlimmes, umfassendes Trauma, aber das ist abgeschlossen«, sagt Camon zu Levi. Aber die Tiefausläufer dieser Erfahrungen reichen bis in die Gegenwart, offenkundig fühlt sich Levi ihnen am Corso Umberto manchmal schutzlos ausgeliefert.
Wieder in Briefen knüpft er eine Freundschaft mit einer Londoner Psychoanalytikerin an, der Jungianerin Ruth Hoffman, die sich als Leserin an ihn gewandt hat. Das Interesse schmeichelt ihm, es kommt sofort zu einer gewissen Vertraulichkeit. »Sie mussten tatsächlich ziemlich viel Brandy trinken, bevor Sie sich ein Herz fassten und Ihre Hemmung überwanden, mir zu schreiben?«, antwortet er ihr im Dezember 1982. »Darf ich fragen, welche Hemmung? Sind Sie als Psychoanalytikerin berechtigt, gehemmt zu sein? Hängt es mit Ihren polnischen (und jüdischen, vermute ich) Wurzeln zusammen? Ich wäre sehr glücklich, Sie kennenzulernen, aber bedenken Sie bitte, dass mein gesprochenes Englisch doch etwas schlechter ist als mein geschriebenes.« Erneut gelingt Nähe eher in Briefen, schützt ihn die räumliche Distanz. Im Jahr darauf vertraut Levi der Psychoanalytikerin an, wie dramatisch seine Lage ist: »Seit einigen Monaten geht es mir schlecht. Ich leide unter Depressionen, die mit dem großen Erfolg von *Wann, wenn nicht jetzt?* einsetzten und sich durch die Krankheit meiner Mutter verschlimmerten. Meine Mutter ist 88 und lebt mit mir und meiner Frau zusammen. Seit sie krank ist, braucht sie bei allem Hilfe und ist ebenfalls stark depressiv. Ihre Depression verstärkt (oder multipliziert!) meine eigene, die wiederum verknüpft ist mit Schuldgefühlen gegenüber meiner Frau, die großartig ist, erfahren, effizient und aufmerksam, während ich nicht auf der Höhe bin, unnütz im Haushalt – außer zum Einkaufen. Im Moment sehe ich mich komplett außerstande zu schreiben (selbst dieser Brief kostet mich unendlich viel Kraft), und ich bin nicht in der Lage, die kleinste Entscheidung

zu fällen.« Dr. Hoffman sei schließlich Ärztin und werde ihm hoffentlich verzeihen. Als sein Zustand sich nach fünf Monaten nicht verbessert, greift Levi zum ersten Mal zu Antidepressiva. Der Arzt verschreibt ihm Tranylcypromin, das damals als Stimmungsaufheller benutzt wird. Wieder weiht er die Londoner Bekannte ein; das Medikament hilft, nach wenigen Tagen verfliegt seine innere Taubheit. Seine Übersetzung von Kafkas *Prozess* erscheint und wird sehr gelobt.

So geht es in den kommenden Jahren mehrfach auf und ab. Von außen betrachtet ist Primo Levi auf dem Zenit seiner schriftstellerischen Existenz. Es hagelt Preise und Auszeichnungen; Gedichte, Erzählungen und ein Sammelband mit Feuilletons erscheinen, weitere Übersetzungen, dieses Mal aus dem Französischen, Claude Lévi-Strauss. Auch in den USA ist Primo Levi mittlerweile eine Bezugsgröße. 1984 kommt die amerikanische Ausgabe des *Periodischen Systems* heraus. Saul Bellow ist hingerissen, was dazu führt, dass weitere Länder Lizenzen von Levis Werk erwerben. Eine USA-Reise gemeinsam mit Lucia im April 1985, auf der Levi wie ein Star gefeiert wird, hat eine gleichermaßen überwältigende wie zwiespältige Wirkung. Dass viele Journalisten zu Gesprächen mit ihm kommen und seine Bücher nicht kennen, schockiert ihn; er verbittet sich solche Termine. Die Begegnung mit Philip Roth entschädigt ihn. 1986 erscheint sein Essay *Die Untergegangenen und die Geretteten*. Es ist ein beklemmendes Buch, in dem er die Auschwitz-Erfahrung noch einmal unter verschiedenen Gesichtspunkten analysiert und den Begriff der »Grauzone« prägt: jener Sphäre, in der Täter und Opfer Formen der Kollaboration eingehen. Man müsse sie erkunden, auch um zu begreifen, was sich heute in Industrieunternehmen abspiele. Wieder eine Erkenntnis, die erschreckend aktuell anmutet. Nach einer Reise nach London und Stockholm fällt Levi erneut in eine tiefe Depression. Rina Levi ist mittlerweile auf den

Rollstuhl angewiesen und bedürftiger denn je – ihr Sohn muss sie füttern. Wenn sie etwas braucht, schlägt sie mit dem Stock an die Wand seines Arbeitszimmers und scheucht ihn durch die Wohnung. Lucia, inzwischen ebenfalls in Pension, ist mit der Pflege ihrer eigenen, hochbetagten Mutter beschäftigt, die vollständig erblindet ist. Levi arbeitet an einem Roman mit dem Arbeitstitel *Die doppelte Bindung*; es geht um eine Liebesbeziehung zwischen einem ehemaligen Chemiker und einer verheirateten Frau. Der Roman besteht aus lauter Briefen. Aber zu Hause kann er sich nicht konzentrieren. Bei seinen wöchentlichen Besuchen im Einaudi Verlag fällt seinen Lektoren Agnese Incisa und Ernesto Ferrero auf, wie mitgenommen Levi ist. Er klagt über seine Mutter. Die pragmatische Agnese Incisa schlägt ihm vor, die alte Dame in einem Pflegeheim unterzubringen. Levi ist schockiert, für ihn wäre das unvorstellbar. »Entweder stirbst du oder deine Mutter«, stellt Incisa trocken fest. Ferrero bietet ihm ein Arbeitszimmer im Verlag an. Levi akzeptiert dankbar, benutzt den Raum aber nicht. Ohne Psychopharmaka kommt er nicht über die Runden, die Dosis wird erhöht. Die Medikamente haben Nebenwirkungen und blockieren die Blase. Der Urologe diagnostiziert eine leichte Prostatavergrößerung. Sein Arzt wechselt die Medikation und verschreibt ihm Trazodon. Levi ist besessen von der Furcht, an Krebs erkrankt zu sein, auch wenn nichts darauf hindeutet.

Als Giovanni Tesio ihn im Januar 1987 mehrfach aufsucht, weiß er, dass ihm eine Operation bevorsteht. Dafür muss er die Psychopharmaka absetzen. Es sind die Wochen, in denen Primo Levi der Historikerstreit in Deutschland zu schaffen macht; er wittert Revisionismus, ist entsetzt von den Einlassungen Ernst Noltes und Andreas Hillgrubers und nimmt in *La Stampa* Stellung. Die Systematik der Judenvernichtung sei unvergleichlich: Deutsche Chemiewerke stellten Gas her, deutsche Fabriken wurden mit den Haaren der Leichen beliefert, die Goldplomben landeten bei deutschen Banken. »All das ist spezifisch deutsch, und kein Deutscher sollte es vergessen, und ebenso wenig sollte er vergessen, dass in Nazideutschland und nur dort Kinder und Sterbenskranke in den Tod geschickt wurden, im Namen eines abstrakten und grausamen Radikalismus, der in modernen Zeit nicht seinesgleichen hat.« Deutschland dürfe und könne sich von seiner Vergangenheit nicht reinwaschen. Levi geht es von Tag zu Tag schlechter, er ist labil und zerrüttet, Freunde und Verwandte sind besorgt. Er zieht sich immer mehr zurück, sagt Einladungen ab, meidet Veranstaltungen und verschiebt weitere Verabredungen mit Tesio auf April. Ruth Hoffman in London lässt er wissen, dies sei die schlimmste Zeit seit Auschwitz. Oder sogar schlimmer. Die bevorstehende Prostataoperation ängstigt ihn, er fürchtet, die Narkose könne sein Erinnerungsvermögen beeinträchtigen. Wie soll er dann noch schreiben? Im März wird der Eingriff vorgenommen und verläuft normal. Der Befund ist beruhigend: von Tumor keine Spur. Levi kehrt nach Hause zurück. Vielleicht hat er schon längst eine Entscheidung getroffen. Giulio Einaudi sucht ihn auf, um ihm die Leitung des Einaudi Verlags anzutragen, der gerade den Besitzer gewechselt hatte. Levi fühlt sich geschmeichelt, schließlich hatte Einaudi sich mit der Veröffentlichung seines Erstlings so schwergetan. Zwei, drei Tage vergehen. Als seine Frau am Morgen des 11. April gegen halb zehn zum Einkaufen geht, ruft Levi den römischen Oberrabbiner Elio Toaff an. Es ist der Samstag vor Palmsonntag, aber vor allem ist es Sabbat, eigentlich dürfte er ihn nicht stören. Levi hatte ihn nur ein Mal getroffen, vertraut ihm aber an, wie sehr ihn die Krankheit seiner Mutter mitnehme und dass sie ihn an die Todgeweihten in Auschwitz erinnere. Toaff versucht ihn zu beruhigen. Die Krankenschwester ist im hinteren Teil der Wohnung mit der Versorgung seiner Mutter beschäftigt.

Um kurz nach zehn öffnet Levi die Etagentür, tritt auf den Flur, geht zum Treppenschacht und stürzt sich vom dritten Stock, wo er 67 Jahre und neun Monate zuvor geboren wurde, in die Tiefe. Die Hausmeisterin hört ein Geräusch. Kurze Zeit später kommt Lucia zurück. Nun habe er getan, womit er immer gedroht habe, sei ihr Ausruf gewesen, steht am nächsten Tag in einer Turiner Zeitung. Am 13. April wird Levi in der jüdischen Abteilung des Zentralfriedhofs am Corso Novara beerdigt. Ein Rabbi spricht das Kaddisch.

Anmerkungen

1 Ossip Mandelstam, *Gespräch über Dante*, Gesammelte Essays II, 1925–1935, aus dem Russischen übertragen und herausgegeben von Ralph Dutli, Zürich 1991.
2 Zitiert in der Übersetzung von Barbara Kleiner, München 2004 (Anm. d. Ü.).
3 *Il cuore e il sangue della terra. Antologia di narratori piemontesi contemporanei per le scuole* [dt.: Herz und Blut der Erde], herausgegeben von Virginia Galante Garrone, Messina/Florenz 1976.
4 *Su alcune giunte e varianti di »Se questo è un uomo«* [dt.: Über einige Ergänzungen und Varianten von ›Ist das ein Mensch?‹], in: *Studi Piemontesi* VI, 1977, vol. 2, S. 270-278.
5 *»Ich suche nach einer Lösung, aber ich finde sie nicht.« Primo Levi im Gespräch mit Ferdinando Camon*, übersetzt von Joachim Meinert, München/Zürich 1993 (*Autoritratto di Primo Levi*, Padua 1987).
6 Levi spricht hier von »*campo di concentramento*«, das ist das einzige Mal, dass er diesen Begriff gebraucht. Wird weiterhin auf Konzentrationslager Bezug genommen, wird dafür im Original stets der deutsche Begriff »Lager« benutzt. Handelt es sich jedoch um Sammel- oder Durchgangslager (wie jenes in Carpi, gemeint ist damit das in Fossoli), sprechen Levi und Tesio von »campo« (Anm. d. Ü.).
7 Das hier im Original verwendete *curioso* bedeutet im Italienischen unter anderem »neugierig« und »seltsam«. Auch im Deutschen hatte das Wort *curios* lange beide Bedeutungsaspekte, wie das *Deutsche Wörterbuch von Jacob Grimm und Wilhelm Grimm* nachweist (Anm. d. Ü.).
8 Wenn hier und im Weiteren von »Gymnasium« die Rede ist, ist stets das humanistische Gymnasium gemeint, an dem auch die klassischen Sprachen wie Latein und Altgriechisch unterrichtet wurden (Anm. d Ü.).
9 Abenteuerroman für Jugendliche des florentinischen Journalisten Vamba alias Luigi Bertelli (1858–1920), erschienen zwischen 1907 und 1908 als Fortsetzungsgeschichte in der Zeitschrift *Giornalino della Domenica*, 1912 als Buch. Es spielt in der Toskana, zum Teil in Rom, verfasst in Form eines Tagebuchs, das ein Wildfang namens Luigi Stoppani schreibt, den die Familie aufgrund seines unbändigen Charakters *Gian Burrasca* nennt; dieser Begriff wurde im Italienischen synonym für einen undisziplinierten Burschen (Anm. d. Ü.).
10 Es handelt sich um J. Botstibers Übersetzung des Romans *A Bad Boy's Diary* der US-Amerikanischen Autorin Metta Victoria Fuller Victor (1831–1885) in ein mit jiddischen und böhmischen Akzenten durchwirktes, schwieriges Kunstdeutsch, das mit dem Titel *Tagebuch eines bösen Buben* bereits in den 1890er-Jahren bei Reclam in Leipzig und im Münchner Delphin Verlag erschienen ist, in zahlreichen Ausgaben vorlag und tatsächlich als (nicht deklarierte) Vorlage für Bertellis *Gian Burrasca* diente (Anm. d. Ü.).
11 Auf welche Auflage/Neuerscheinung sich Levi hier bezieht, ist mir leider nicht gelungen zu recherchieren; vermutlich eine, derer sich das faschistische Regime bedient hat (Anm. d. Ü.).
12 Piemontesisch für ein damals in Italien weit verbreitetes Kinderspiel namens »*schiopetti*« (Anm. d. Ü.).
13 Hier rundet Levi etwas ab. Tatsächlich war seine Mutter Ester Luzzati siebzehn Jahre jünger als sein Vater Cesare (Anm. d. Ü.).
14 Levi bezieht sich auf *Argon,* mit dem *Das periodische System* (im Original 1975 bei Einaudi erschienen) beginnt, also ein »Buch über die Chemie und über die Chemiker«. *Argon* ist, genaugenommen, die Erzählung der echten und der erfundenen Vorfahren (das heißt, die, die nicht aus

den eigentlichen Familienerinnerungen stammen, sondern weitläufigeren Zeugnissen und Berichten entnommen sind). Eine etwas verrückte und märchenhafte Geschichte, über die Alberto Cavaglion – auf der Grundlage einer maschinengeschriebenen, ihm von Levi überlassenen Kopie – den erhellenden Essay *Argon e la cultura ebraica piemontese* [dt.: Argon und die jüdische Kultur im Piemont] geschrieben hat, veröffentlicht in: *Primo Levi. Il presente del passato* [dt.: Die Gegenwart der Vergangenheit], herausgegeben von A. Cavaglion, Mailand 1991.

15 Geburtsort von Giovanni Tesio, 1946 (Anm. d. Ü.).

16 Giovanni Pastrone (1882–1959), Filmregisseur, Drehbuchautor (Anm. d. Ü.).

17 Nicola Caracciolo, bekannter TV-Journalist und Autor, hat in den achtziger Jahren mit Personen der Zeitgeschichte für die RAI (das Staatliche Italienische Fernsehen) unter anderem die Sendung *La storia siamo noi* [dt.: Die Geschichte sind wir] moderiert (Anm. d. Ü.).

18 Ungefähr: »Das ist aber mal merkwürdig.« (Anm. d. Ü.)

19 Zino Zini (1868–1937), dem Positivismus verschriebener Moralphilosoph, Anhänger des Sozialismus (als Mitglied der sozialistischen Partei war er zwischen 1906 und 1919 Stadtrat in Turin). Er beschäftigte sich mit Darwinismus, Marxismus, Kriminalanthropologie (aber auch mit Dichtkunst: *Poesia e verità*, 1926 [dt.: Dichtung und Wahrheit], er war Privatdozent für Moralphilosophie an der Universität Turin, überdies Mitarbeiter bei *La Gazzetta del Popolo, La Stampa, L'Avanti!* sowie bei der von Gramsci geleiteten politischen Wochenzeitung *Ordine Nuovo*. Bis zum Jahr 1934-35 unterrichtete er Geschichte und Philosophie am Gymnasium D'Azeglio. Maria Luisa (Marisa) Zini, von der hier die Rede ist, war ihrerseits Dozentin für Italienische Literatur und Sprache am D'Azeglio, und zwar in der gymnasialen Unterstufe, ab dem 31. Oktober 1930.

20 *Cuore – Eine Kindheit vor hundert Jahren* ist das bekannteste Buch des Schriftstellers Edmondo De Amicis (1846–1908), das in Italien bei Treves 1886 herauskam und sofort zum internationalen Bestseller avancierte (Anm. d. Ü.).

21 Provinz Piacenza, Emilia Romagna (Anm. d. Ü.).

22 Das Magazin lag ursprünglich der Tageszeitung *Corriere della Sera* bei, wurde später aber auch eigenständig verkauft. Der erste *Corriere dei Piccoli* erschien 1908, der letzte im Jahr 1995 (Anm. d. Ü.).

23 Hier weicht Levis Erinnerung von den tatsächlichen Ereignissen ab: Er bezieht sich auf das tragische Ende der Nordpol-Expedition des Luftschiffpioniers und Generals Umberto Nobile, bei dem dieser jedoch überlebt hat – er starb 1978 in Rom. Ein Unterseeboot spielte dabei keine Rolle, sondern das Luftschiff »Italia«, das mit seinen sechzehn Besatzungsmitgliedern am 25. Mai 1928 bei Spitzbergen abgestürzt war: Die Gondel mit Nobile und neun weiteren Expeditionsteilnehmern krachte ins Packeis, das geleichterte Luftschiff stieg mit den sechs an Bord verbliebenen Männern rasch wieder auf. Von ihnen wurde nie mehr eine Spur gefunden. Nobile harrte schwer verletzt, zusammen mit den acht anderen Überlebenden, viele Wochen auf dem Eis aus, wo sich die Gruppe in ein Zelt retten konnte. Nobile wurde von einem schwedischen Piloten gerettet, die zurückgebliebenen Expeditionsmitglieder am 12. Juli schließlich durch den sowjetischen Eisbrecher Krassin (Anm. d. Ü.).

24 Der 1882 von Emma Perodi aus dem Amerikanischen ins Italienische übersetzte Abenteuerroman für Kinder, der vielfach als Filmvorlage diente, stammte vom US-amerikanischen Vielschreiber James Otis Kaler (1848–1912) und wurde 1881 unter dem Titel *Toby Tyler or Ten Weeks with a Circus* veröffentlicht (Anm. d. Ü.).

25 Das entspricht den Klassen Sexta, Quinta, Quarta, dann Untertertia und

Obertertia der humanistischen Gymnasien, wie es sie in einzelnen Bundesländern in Deutschland bis zur Oberstufenreform gab (Anm. d. Ü.).

26 *Drei Mann in einem Boot* (*Three Men in a Boat*, 1889) machten ihren englischen Autor Jerome K. Jerome berühmt – das Abenteuerstück an der Themse wurde mehrfach verfilmt und beeinflusste Humoristen weit über England hinaus. Der in Deutschland spielende Folgeroman *Drei Männer auf Bummelfahrt* (*Three Men on the Bummel*, 1900) konnte an den Vorgängererfolg nicht anknüpfen (Anm. d. Ü.).

27 Anna Borgogno, damals zweiunddreißig Jahre alt, war Lehrerin für Italienisch in der Quinta und Quarta. Ihre Persönlichkeit, wiewohl literarisiert, ist in dem Roman *La città perduta* [dt.: Die verlorene Stadt] enthalten, der 1981 im Verlag Pan veröffentlicht wurde; darin – nachdem sie in der Folgezeit als Bibliothekarin nach Rom umgezogen war – zeichnen sich die Zeitabschnitte eines mit Stolz und Strenge, mit profundem Streben nach Unabhängigkeit und intellektuellem Antikonformismus gelebten Lebens ab.

28 Fernanda Pivano (1917–2009), aus schottischer Familie stammend, war die gefeierte Übersetzerin von Ernest Hemingway, William Faulkner, Francis Scott Fitzgerald. Sie machte die Autoren der Beat-Generation in Italien bekannt. Auch amerikanische Autoren Ende der neunziger Jahre wie Bret Easton Ellis und Erica Jong verdanken Pivano ihre Entdeckung durch das italienische Publikum. Sie war verheiratet mit dem Architekten und Designer Ettore Sottsass, arbeitete unter anderem mit dem bedeutenden *cantautore* Fabrizio de André zusammen und stand dem Partito Radicale nahe (genau wie Leonardo Sciascia). (Siehe zu Pivano auch das Nachwort von Maike Albaht in diesem Buch.) (Anm. d. Ü.)

29 Paolo Mantegazza (1831–1910), bedeutender italienischer Neurologe und Bewusstseinsforscher; Werke unter anderem *Physiologie des Genusses*, Oberhausen und Leipzig 1881, (*Fisiologia del piacere*, 1854); *Physiologie des Weibes*, Jena 1893, (*Fisiologia della donna*, 1893). (Anm. d. Ü.)

30 Umberto Cosmo (1868–1944), Literaturkritiker, unterrichtete Italienisch und Latein am Gymnasium Gioberti und am D'Azeglio in Turin, wo er zu seinen Schülern auch Piero Gobetti und Norberto Bobbio zählte. Er war Privatdozent für italienische Literatur ebenfalls in Turin, wo unter seinen Studenten auch Antonio Gramsci war, zu dem sich eine Freundschaft entspann, die nicht frei von mitunter heftigen Meinungsverschiedenheiten blieb (welche dann auf menschlicher Ebene in einer denkwürdigen Umarmung beigelegt wurden, wie Gramsci erzählt). Cosmo war zuerst Sozialist, dann liberal-progressiv orientiert, immer schon Antifaschist und vom faschistischen Regime verfolgt, 1926 aus dem Schuldienst verjagt, 1929 in die Verbannung geschickt. Er war ein ausgezeichneter Dante-Kenner, von seinen Werken seien hier zumindest zwei genannt: *Vita di Dante* (Bari 1930) [dt.: Das Leben Dantes], *L'ultima ascesa. Introduzione alla lettura del Paradiso* (Bari 1936) [dt.: Der letzte Aufstieg. Einführung in die Lektüre des Paradieses].

31 Für Zino Zini siehe S. 31, Fußnote Nr. 19. Franco Antonicelli (1902–1974) war ein auserlesener Essayist, Schriftsteller, Dichter. Als Antifaschist wurde er 1935 in die Verbannung geschickt, nach seiner Befreiung 1936 gründete er den Verlag De Silva. Augusto Monti (1881–1966) war »*il docente*« des D'Azeglio schlechthin, wovon er im Kapitel »*Scuola di Resistanza. Torino 1923–32*« [dt.: Schule des Widerstands. Turin 1923–32] erzählt hat, was in seinen Memoiren des Schullebens *I miei conti con la scuola* (Turin 1965) [dt.: Meine Abrechnung mit der Schule] enthalten ist, neu veröffentlicht in dem Band *Il mestiere di insegnare* (Cuneo 1994) [dt.: Der Beruf des Lehrens]. Aber zu Augusto Monti sei der Hinweis gestattet auf Giovanni Tesio, *Augusto Monti. Attualità di un uomo* *all'antica* (Cuneo 1980) [dt.: Augusto Monti. Aktualität eines Mannes im alten Stil].

32 Azelia Arici (1895–1978), Primo Levis Italienischlehrerin während des Trienniums in der Oberstufe (Schuljahr 1934-35 bis 1936-37), erhielt 1925 per Prüfungsverfahren die Verbeamtung als Lehrerin für Italienisch und für Latein. Sie unterrichtete an Gymnasien in Bergamo, Casale Monferrato sowie Carmagnola und schließlich als Nachfolgerin von Augusto Monti im D'Azeglio in Turin. Als Kennerin von Catull, Dante, Vittorio Alfieri, Carlo Collodi und Dino Buzzati übersetzte sie das Werk Tacitus', publiziert bei UTET (1952 bis 1959).

33 Ein schönes Porträt von Lorenzo Coccolo, im Schuljahr 1927-28 Lehrer für Latein und Altgriechisch am D'Azeglio, findet sich in Luigi Firpos *Testimonianza per due maestri* [dt.: Zeugnis für zwei Lehrer]: »Die humanistischen Fächer – Italienisch und Latein, Geschichte und Philosophie – galten noch als virile Doktrinen, und der einzige Lehrer unter den meinigen, der Soutane trug, hielt sich daran, nicht als Hommage an das Geschlecht, aber an das kanonische Recht; denn es handelte sich um einen kleinen, sanftmütigen, rüstigen Priester vom Land mit roter Nase, der sich oft in ein rotweißkariertes Taschentuch schnäuzte: Dieser Don Lorenzo Coccolo musste sein Latein und Altgriechisch mehr als gut beherrscht haben, jedoch war er völlig unfähig, es uns beizubringen, wir, Faulpelze und maßlose Profiteure seiner hilflosen Naivität.« (Luigi Firpo, *Gente di Piemonte,* Mailand/Mursia 1983, S. 289–92. Übersetzung: Monika Lustig).

34 Augusto Monti, V*iaggio nella città – Antologia di pagine torinesi* (Turin 1977) [dt.: Reise durch die Stadt –Anthologie Turiner Seiten], herausgegeben von Giovanni Tesio (Anm. d. Ü.).

35 Wörtlich: »Wer wagt es hier, mir auf die Eier zu gehen!« (Anm. d. Ü.)

36 Primo Levi erinnert an Emanuele Artom in einem Artikel vom 11. April 1984 in *La repubblica* anlässlich der Einweihung eines Parks in Mirafiori (Turin), der dem Gedenken von Artom gewidmet war. Seine Bewunderung ist unvermittelt und unüberhörbar: »Am 8. September 1943 haben die Nazis Norditalien überfallen, und Emanuele zögert nicht: Er geht, ohne jegliche militärische Erfahrung, der Gewalt abhold, in die Berge und wird Partisan. Er erduldet mit heiterem Stolz Misslichkeiten und Gefahren, wird kühn und zu Taten bereit: Im Januar 1944 ist er politischer Kommissar für den Partito d'Azione in Val Pellice. Er gerät in eine Razzia, wird festgenommen, über Tage grauenhaft gefoltert, verhöhnt, aber er findet die Kraft und schweigt: Er verrät keine Namen. Er stirbt am 7. April infolge der Qualen« (Übersetzung: Monika Lustig). Dieser Artikel findet sich in: Primo Levi, *Opere*, vol. 2, herausgegeben von Marco Belpoliti, Turin 1997).

Das Tagebuch von Emanuele Artom, *Tre vite. Dall'ultimo '800 alla metà del '900. Israel, Florenz, 1954* [dt.: Drei Leben. Von Ende des 19. bis zur Hälfte des 20. Jahrhunderts] wurde neu herausgegeben von Guri Schwarz unter dem Titel *Diario di un partigiano ebreo* (Turin 2008) [dt.: Tagebuch eines jüdischen Partisanen]. Zur Familie Artom, dem Vater Emilio, dem ältesten Sohn Emanuele und dem jüngsten Ennio, siehe auch Augusto Monti, *Torino falsa magra e altre pagine torinesi* (Turin 2006) [dt.: Turin: Vollschlank – und andere Turiner Seiten], herausgegeben von Giovanni Tesio, S. 168–72.

37 Benvenuto Terracini (1886–1986), Bruder des Mathematikers Alessandro Terracini, war Linguist und Romanist (Anm. d. Ü.).

38 Entspricht der Note Sechs im deutschen Schulsystem (Anm. d. Ü.).

39 Diesen Begriff verwendet Levi auch in Bezug auf das Lager, wie sein Kritiker Marco Belpoliti weiß:

»Noch lange vor der Zeit im KZ, wie derjenige weiß, der aufmerksam Levis Chemiker-Autobiografie *Das periodische System* gelesen hat, hatte Primo erfahren, was Depressionen sind. So paradox es klingt, das Lager war für ihn ein positiver Zeitabschnitt gewesen, was so weit führte, dass er Philip Roth gegenüber, der ihn in den achtziger Jahren interviewt hat, gesteht, dass die in Auschwitz zugebrachte Zeit eine in Technicolor war, wohingegen der Rest seines Lebens in Schwarzweiß verlief.« Siehe: »Diese letzte Begegnung auf der Türschwelle – Eine Umarmung wie eine Vorahnung«, Marco Belpoliti in einer Rezension des vorliegenden Buchs in *La Stampa*, vom 30. 3. 2016. Übersetzung: Monika Lustig. (Anm. d. Ü.)

40   Der Text *Ein langes Duell* ist enthalten in dem Glossenband *Anderer Leute Berufe*. Darin erzählt Levi von einer Freundschaft voller Widersprüchlichkeiten und Konkurrenzverhalten zu einem Burschen namens Guido, hinter dem wohl die Figur des Mario Losano steht. Von ihm ist die Rede in dem wertvollen Beitrag von Giorgio Brandone, *Primo Levi e il »D'Azeglio«* [dt.: Primo Levi und das D'Azeglio-Gymnasium], in: *I luoghi di Levi. Tra letteratura e memoria*. Atti del convegno di studi, 24–25 maggio 2007 [dt.: Die Orte Levis. Zwischen Literatur und Erinnerung. Berichte der Studientagung 24.–25. Mai 2007], herausgegeben von Giorgio Brandone und Tiziana Cerrato (Turin 2008).

41   Wie Carole Angier in *The Double Bond. Primo Levi: A Biography* (New York 2002) schreibt und sich auf seine erste Biografin, Myriam Anissimov, bezieht: »Man kann die Bedeutung der Ehe für Primo Levi gar nicht hoch genug ansetzen. Was bedeutete (…) sie war all das, was er seit seinen Zeiten im Lager glühend begehrte: ›die Behauptung des Rechts, das ihm auf grausame Weise abgesprochen ward, Mann zu sein‹«. (Übersetzung: Monika Lustig). Myriam Anissimov, *Primo Levi ou la tragédie d'un optimiste* (Paris 1996), in deutscher Sprache erschienen im Philo-Verlag unter dem Titel *Primo Levi. Die Tragödie eines Optimisten* (Berlin 1999).

42   Sandro Delmastro trat in die Widerstandsbewegung »Giustizia e Libertà« ein, wurde Kommandant bei sämtlichen Aktionen in der Stadt. Nachdem er bei einer ersten Verhaftung entwischt, daraufhin ins Roja-Tal geschickt worden war, wurde er erneut verhaftet, während er versuchte, seinen Zielort zu erreichen. Vom Hauptquartier in Cuneo, in das man ihn gebracht hatte, unternahm er einen verzweifelten Fluchtversuch und wurde dabei getötet. Die Erzählung *Eisen* in *Das periodische System* ist dessen literarische Verarbeitung.

43   In der Erzählung *Zink* (die dritte in *Das periodische System*) führt Levi diese Studienkollegin namens Rita folgendermaßen ein: »In einer Ecke befand sich eine gemauerte Abzugshaube, und vor der Haube saß Rita. Ich trat zu ihr und bemerkte mit leisem Vergnügen, dass sie den gleichen Mischmasch köchelte wie ich: Mit Vergnügen, denn seit Längerem bereits scharwenzelte ich um Rita herum, legte mir brillante Redeansätze zurecht, dann aber, im entscheidenden Augenblick, kam mir nichts davon über die Lippen, und ich verschob die Sache auf den folgenden Tag.« (Übersetzung: Monika Lustig, auf der Grundlage der Übersetzung von Edith Plackmeyer, München 1987). Hinter dem Namen und der Figur der Rita hat Carole Angier in ihrer bereits zitierten Biografie Clara Moschino erkannt.

44   Die junge Frau aus der Erzählung *Phosphor* entspricht, literarisch verfremdet, der Person von Gabriella Garda, worauf noch einmal Carole Angier und ihre Biografie verweisen.

45   Was nicht realisiert wurde (Anm. d. Ü.).

46   Vermutlich bezieht er sich auf eine Schilderung, die bei ausgeschaltetem Aufnahmegerät erfolgt ist (Anm. d. Ü.).

47   Vanda Maestro, mit der Levi schon zu Zeiten seiner Anstellung in der schweizerischen Firma Wander in Mailand (ein Pharmaunternehmen, in das er nach seiner halbwegs klandestinen Anstellung in der Asbestmine von Balangero gewechselt und

deswegen nach Mailand umgezogen war) bekannt war, war eine der »sieben Freunde aus Turin, junge Männer und Mädchen«, von denen Levi, literarisch verfremdet, in der Erzählung Gold (in *Das periodische System*) spricht. »Vanda war Chemikerin wie ich, fand aber keine Arbeit und war deswegen ständig gereizt, denn sie war Feministin.« Nachdem er sie im Aosta-Tal zu Zeiten des waghalsigen Partisanenseins und dann in Fossoli wiedergefunden hatte, kam Vanda im Lager um. Für Levi, der mit ihr eine Liebesbeziehung hatte, war das ein dauerhafter Stachel im Fleisch, wie er auf den ersten Seiten von *Ist das ein Mensch?* und auf anderen Seiten von *Die Atempause* gesteht, und auch hier im vorliegenden Interview in einem noch viel schmerzlicheren Geständnis.

48 Das in der Sammlung *Zu ungewisser Stunde* enthaltene Gedicht trägt den Titel: *11. Februar 1946.*

49 *L'inversione di Walden* (die Walden-Umkehr), so lautet der Titel der Examensarbeit. Giacomo Ponzio (1870–1945) war von 1915 bis 1941 Ordinarius für Allgemeine und anorganische Chemie an der Universität Turin und hatte dort auch die Stelle des Direktors des Instituts für Allgemeine Chemie inne.

50 Die im Untertitel als »*antologia personale*«, als persönliche Anthologie, bezeichnete Suche nach den eigenen Wurzeln erschien 1981 bei Einaudi (Anm. d. Ü.).

51 Beide Schriftsteller waren auch Übersetzer aus dem amerikanischen Englisch, so auch von Dos Passos und Faulkner. Die von ihnen übersetzten italienischen Ausgaben erschienen jedoch in einem anderen als dem Dall'Oglio-Verlag (Anm. d. Ü.).

52 Guido da Verona, Pseudonym von Guido Verona (1881–1939), und Pitigrilli, Pseudonym von Dino Segre (1893–1975), zwei volkstümliche, sich zwischen Erotik und Humor bewegende Autoren, konnten in der Zeit zwischen den zwei Weltkriegen einen großen Publikumserfolg verzeichnen.

53 Albert Salmoni ist der bürgerliche Name der Figur, die in der Erzählung *Zinn* (*Das periodische System*) Emilio heißt. Über ihn schreibt Carole Angier in ihrer bereits zitierten Biografie einige Seiten mit offensichtlicher Zuneigung.

54 Sip (ehemals) Italienische Telefongesellschaft, heute die Telecom Italia (Anm. d. Ü.).

55 In der Erzählung *Nickel* in *Das periodische System* ist er in die Figur des »Leutnant« eingegangen. Er ist 1982, also fünf Jahre vor unserer Unterredung, gestorben.

56 Das Mailänder Stadtviertel Crescenzago wurde 1923 ins Stadtgebiet eingemeindet (Anm. d. Ü.).

57 Das sind die sieben Turiner Freunde, von denen Levi in der Erzählung *Gold* in *Das periodische System* spricht; alle drei bisher erschienenen Primo-Levi-Biografien (die von Ian Thomson, von Myriam Anissimov, von Carole Angier) streichen den engen Zusammenhalt in dieser Gruppe heraus.

58 Wörtlich: »Er hatte nur eine Tochter, Kinder des Todes, lasst euch führen.« (Anm. d. Ü.).

59 Anfang der vierziger Jahre befand sich die Entwicklung von Gangschaltungen noch in den Kinderschuhen. Bei einer Kettenschaltung wurden oft Ritzel und Nabe fest miteinander verschraubt, so dass die Fahrräder über keinen Leerlauf verfügten und die Pedale sich mit den Laufrädern mitdrehten (Anm. d. Ü.).

60 25. Juli 1943: Infolge katastrophaler Kriegsverluste (Nordafrika, Don) wurde der Große Faschistische Rat einberufen, um auf Drängen des hohen Parteifunktionärs Dino Grandi die Absetzung Mussolinis zu beschließen. König Viktor Emanuel III. ordnete die Verhaftung Mussolinis an, was das Ende des Ventennio einläutete. Mit den Regierungsgeschäften wurde der politisch unerfahrene Marschall Pietro Badoglio beauftragt. Er versuchte einen Balanceakt zwischen den Alliierten, die seit dem 10. Juli 1943 Sizilien besetzten, und dem Bündnispartner Deutschland. (Anm. d. Ü.).

61 In den „45 Tagen" (*quarantacinque giorni*), dem Zeitraum zwischen Mussolinis Sturz und der Besetzung des Landes durch deutsche Truppen, verschwanden die faschistische Partei und die in zwei Jahrzehnten geschaffenen Institutionen des Regimes nahezu geräuschlos (Anm. d. Ü.).
62 So im Original (Anm. d. Ü.).
63 Rosanna Benzi (1948–1991) erkrankte, noch keine vierzehn Jahre alt, an einer schweren Form der Kinderlähmung, die sie zu einem Leben in der eisernen Lunge zwang. Das hielt sie nicht davon ab, sich unermüdlich für Behinderte zu engagieren, und dabei auch heikle Themen wie das der Sexualität anzugehen: Sie tat das mit Hilfe der von ihr gegründeten Zeitschrift *Gli altri* und ihrer Bücher, einige davon stießen auf große Resonanz, wie 1984 *Il vizio di vivere* [dt.: Das Laster zu leben] und 1987 *Girotondo in una stanza* [dt.: Ringelreihen in einem Zimmer]. Primo Levi schrieb ihr und erzählte von ihr in *La Stampa*.
64 »Società industriale vernici affini« (Industriegesellschaft für Lacke und Farbprodukte), gegründet 1945 von Federico Accati und Osvaldo Giannotti (Anm. d. Ü.).
65 Hier wie bei weiteren Nennungen dieses Ortes ist stets Settimo Torinese gemeint (Anm. d. Ü.).
66 Nach der Besetzung Norditaliens durch die Nazis infolge des Waffenstillstands vom 8. September 1943 wurde der Turiner Schießübungsplatz Martinetto von der Repubblica Sociale Italiana zum Hinrichtungsort bestimmt: Über sechzig Partisanen und Widerstandskämpfer wurden dort umgebracht. (Anm. d. Ü.).
67 »In dieser Stadt gibt's keine abgenutztere Straße. | Sie ist Nebel und Nacht; die Schatten auf den Trottoiren, | Über die das Scheinwerferlicht fährt, | Als wären vom Nichts sie durchwebt, Brocken | Aus Nichts, sie sind gleichwohl unseresgleichen. | Vielleicht gibt es nicht mehr die Sonne. | Vielleicht bleibt es dunkel für immer: und doch | Lachten in anderen Nächten die Pleiaden. | Vielleicht ist dies die Ewigkeit, die uns erwartet: | Nicht der Schoß des Vaters, sondern Kupplung, | Bremse, Kupplung, den ersten Gang einlegen. | Vielleicht sind Ampeln die Ewigkeit. | Vielleicht wär's besser gewesen, das Leben | In einer einzigen Nacht zu verbrauchen, wie die Drohne. | 2. Februar 1973«, *Via Cigna* in: *Zu ungewisser Stunde*, München 1998, übersetzt von Moshe Kahn.
68 S. Fischer Verlag, Frankfurt (Anm. d. Ü.).
69 Der Ich-Erzähler von *Der Ringschlüssel* (Anm. d. Ü.).